MARCO POLO

Mecklenburgische Seenplatte

Reisen mit Insider Tipps

Diesen Führer schrieb Bernd Wurlitzer. Er lebt als freier Journalist in Berlin, ist Autor zahlreicher Bücher und gilt als hervorragender Kenner der neuen Bundesländer.

marcopolo.de
Die aktuellsten Insider-Tipps finden Sie unter www.marcopolo.de, siehe auch Seite 98

MAIRS GEOGRAPHISCHER VERLAG

SYMBOLE

 MARCO POLO INSIDER-TIPPS:
Von unserem Autor für Sie entdeckt

★ **MARCO POLO HIGHLIGHTS:**
Alles, was Sie rund um die Mecklenburgische Seenplatte kennen sollten

 HIER HABEN SIE EINE SCHÖNE AUSSICHT

 WO SIE JUNGE LEUTE TREFFEN

PREISKATEGORIEN

Hotels
€€€ ab 110 Euro
€€   75 bis 110 Euro
€   bis 75 Euro

Restaurants
€€€ ab 15 Euro
€€   10–15 Euro
€   bis 10 Euro

Preise für zwei Personen im Doppelzimmer mit Dusche/WC und Frühstück in der Hochsaison.

Die Preise beziehen sich auf ein Hauptgericht ohne Vor- und Nachspeise und ohne Getränke.

KARTEN

[104 A1] Seitenzahlen und Koordinaten für den Reiseatlas Mecklenburgische Seenplatte

Karten zu Schwerin, Güstrow und Neubrandenburg finden Sie im hinteren Umschlag.

Zu Ihrer Orientierung sind auch die Orte mit Koordinaten versehen, die nicht im Reiseatlas eingetragen sind.

GUT ZU WISSEN

Die Seenplatte literarisch **11** · Petermännchen **32**
Bummel durch die Welt der Bücher **42** · Schwimmende
Ferienwohnungen **52** · Postkutschenreisen **62** · »Dörchläuchting« **78**

INHALT

DIE BESTEN MARCO POLO INSIDER-TIPPS	vorderer Umschlag
DIE WICHTIGSTEN MARCO POLO HIGHLIGHTS	4
AUFTAKT	7
Entdecken Sie die Mecklenburgische Seenplatte!	
Geschichtstabelle	8
STICHWORTE	13
Findlinge, Katen und Herrenhäuser	
ESSEN & TRINKEN	19
Süß-saure Gerichte sind typisch	
EINKAUFEN	23
Aal und Keramik	
FESTE, EVENTS UND MEHR	24
SCHWERIN UND UMGEBUNG	27
Ein Schloss wie aus dem Märchenbuch	
UM GOLDBERG UND GÜSTROW	35
Hügelgräber, Burgwälle und Backsteinkirchen	
GROSS-SEENLANDSCHAFT	45
Kleines Meer und großer Park	
MECKLENBURGISCHE SCHWEIZ	57
Europas älteste Eichen inmitten verträumter Dörfer	
UM DEN TOLLENSESEE	67
Durch vier Tore zu sieben Bergen	
NEUSTRELITZ-FELDBERGER-SEEN	73
Meisterwerk der Natur aus Blau und Grün	
AUSFLÜGE & TOUREN	83
Reuterstätten und Schlösser	
SPORT & AKTIVITÄTEN	89
Angeln, Paddeln und Radeln	
MIT KINDERN REISEN	93
Blick in die Unterwasserwelt	
ANGESAGT!	96
PRAKTISCHE HINWEISE	97
Von Anreise bis Veranstaltungstipps	
REISEATLAS MECKLENBURGISCHE SEENPLATTE	101
KARTENLEGENDE REISEATLAS	102
MARCO POLO PROGRAMM	117
REGISTER	118
IMPRESSUM	119
BLOSS NICHT!	120

Die wichtigsten
Marco Polo Highlights

Sehenswürdigkeiten, Orte und Erlebnisse, die Sie nicht verpassen sollten

★ **Badewannenrallye**
Feuchtfröhliche Gaudi mit selbst gebastelten Wasserfahrzeugen in Plau am See (Seite 25)

★ **Dom Schwerin**
Ein Meisterwerk der Backsteingotik mit Mecklenburg-Vorpommerns höchstem Kirchturm (Seite 28)

★ **Schloss Schwerin**
Mit seinen Türmchen, Erkern und Verzierungen könnte es aus einem Märchenbuch stammen (Seite 29)

★ **Ludwigslust**
Schloss und Park sollten das »Versailles von Mecklenburg« werden (Seite 32)

★ **»Der Schwebende«**
Ernst Barlachs Plastik ist berühmter als der Dom, in dem sie hängt (Seite 38)

★ **Freilichtmuseum Groß Raden**
Ein Blick in die Vergangenheit unserer Vorfahren (Seite 43)

★ **Warnow-Durchbruchtal**
Wild rauschend fließt der kleine Fluss durch das enge Durchbruchtal (Seite 43)

★ **Müritz-Nationalpark**
Auf 400 km Wander- und etwa 200 km Radfahrwegen durch die geschützte Landschaft (Seite 55)

Das prachtvolle Schweriner Schloss

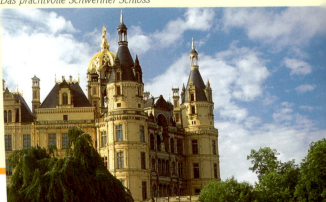

Uralte Eichen

Neubrandenburgs Stadtmauer

 Ivenack
Der stärkste Baum der berühmten Eichen ist älter als das Land Mecklenburg (Seite 64)

 Burg Schlitz
Großer Park mit mehr als 40 Denkmalen, einem zum Luxushotel gewordenen Schloss, Kapelle und Nymphenbrunnen (Seite 65)

 Modellpark Seenplatte
Fast alle bedeutenden Baudenkmale stehen in der neuen Anlage in Neubrandenburg (Seite 69)

 Neubrandenburgs Stadtbefestigung
Die am vollständigsten erhaltene mittelalterliche Wehranlage in Norddeutschland mit vier Stadttoren und 32 Wiekhäusern (Seite 69)

 Feldberg
Mit einem Ruder- oder Elektroboot den wohl am schönsten gelegenen See des Bundeslandes erkunden (Seite 75)

 Lychen
Auf dem Touristenfloß nach alter Tradition über die Seen bei Lychen gleiten (Seite 76)

 Schloss Rheinsberg
Friedrich der Große und Kurt Tucholsky mit seiner Liebesgeschichte machten die Kleinstadt zum Wallfahrtsort (Seite 78)

 Die Highlights sind in der Karte auf dem hinteren Umschlag eingetragen

AUFTAKT

Entdecken Sie die Seenplatte!

Mehr als tausend Seen zwischen weiten Wiesen, Feldern und Wald – ein Paradies für Naturfreunde und Wassersportler

Zauberhaft Schönes hält die Mecklenburgische Seenplatte für Sie bereit. Wer zum ersten Mal hierher kommt, steht überrascht vor vielen idyllischen An- und Ausblicken: Wiesen voller blühender Orchideen, über die Fischadler elegante Kreise ziehen, verschwiegene Wasserwege, in deren Schilfgürtel der Haubentaucher brütet, kopfsteingepflasterte Alleen, deren Bäume ein Dach aus Zweigen und Blattgrün bilden ... Weit können die Blicke von Kirchtürmen über das flache Land schweifen, besonders im späten Frühjahr bieten sich reizvolle Bilder, wenn die gelben Rapsfelder in der Ferne mit dem blauen Himmel aneinander zu stoßen scheinen. Und überall Wasser, die berühmten Seen, mehr als tausend sind es insgesamt. Keiner gleicht dem anderen. Vorspringende Landzungen und Inseln zieren die einen, andere sind von Hügeln und Wald umrahmt. Viele liegen in stiller Abgeschiedenheit mit blühenden Seerosenfeldern und moorigen Ufern. Andere sind von Ruder- und Segelbooten belebt,

*Wenn der Raps blüht,
kommt der Sommer an die Seen*

Schweriner Straßencafé

Fahrgastschiffe drehen gemächlich ihre Runden, am Ufer stehen bunte Zelte. Wer den Wassersport liebt, findet hier ein wahres Eldorado vor. Kleine und große Seen überziehen das mecklenburgische Land, darunter Deutschlands zweitgrößter, die Müritz. »Morcze« nannten ihn die Slawen – »kleines Meer«. Der Schriftsteller Theodor Fontane verglich die Müritz schwärmerisch mit dem Tanganjika-See in Ostafrika. Gut 150 km erstreckt sich die Mecklenburgische Seenplatte von Schwerin bis Feldberg. Die größte zusammenhängende, mit Kanälen verbundene und befahrbare Seenplatte Mitteleuropas hat keine exakten Grenzen, der eine zieht sie enger, der andere etwas weiter, die Zahl der genannten Seen schwankt deshalb erheblich.

Geschichtstabelle

995 Zum ersten Mal wird die Michelenburg (später Mecklenburg) in einer Urkunde Ottos III. erwähnt

1160 Heinrich der Löwe besiegt Niklot, den letzten freien Obotritenfürsten

1549 Einführung des protestantischen Glaubens als Landesreligion

1621 Mecklenburg wird in die Herzogtümer Mecklenburg-Schwerin und Mecklenburg-Güstrow geteilt

1628 Albrecht von Wallenstein residiert als Herzog von Mecklenburg (bis 1630) im Schloss Güstrow

1701 Teilung des Landes in die Herzogtümer Mecklenburg-Schwerin und Mecklenburg-Strelitz

1815 Großherzogtitel auf dem Wiener Kongress für beide Mecklenburgischen Herzogtümer

1819 Aufhebung der Leibeigenschaft (1820 vollzogen)

1871 Die mecklenburgischen Großherzogtümer treten dem Deutschen Reich bei

1919 Mecklenburg-Schwerin und Mecklenburg-Strelitz werden bürgerlich-demokratische Freistaaten

1934 Vereinigung der beiden mecklenburgischen Freistaaten zum Land Mecklenburg

1945 Schwerin wird Hauptstadt des neugebildeten Landes Mecklenburg-Vorpommern in der Sowjetischen Besatzungszone

1949 Gründung der Deutschen Demokratischen Republik (DDR)

1952 Die fünf DDR-Länder werden in Bezirke aufgeteilt. Der westliche Teil der Mecklenburgischen Seenplatte kommt zum Bezirk Schwerin, der östliche zum Bezirk Neubrandenburg

1990 Erste freie Wahlen in der DDR am 18. März, Beitritt zur Bundesrepublik Deutschland am 3. Oktober. Das Land Mecklenburg-Vorpommern entsteht wieder

1995 Region und Land feiern das 1000-jährige Bestehen von Mecklenburg

2001 In Neustrelitz finden erstmals Schlossgartenfestspiele statt; die Marienkirche in Neubrandenburg wird als größter Konzertsaal des Bundeslandes eröffnet

2002 MV tut gut! Unter diesem Motto steht die Kampagne des Bundeslandes, auch die Seenplatte als eine für die Gesundheit besonders interessante Region zu präsentieren

AUFTAKT

Längst hat es sich herumgesprochen: Hier gibt es noch heile Natur! Überlaufen sind die kleinen Städte und romantischen Dörfer mit fast noch spätmittelalterlichem Flair aber selbst in den Sommermonaten nicht – das Land ist nur dünn besiedelt.

In der agrarisch geprägten Region hat sich kaum Industrie angesiedelt, die Luft ist reiner als in vielen anderen Gegenden, mancher See hat sogar noch Trinkwasserqualität. Und so tummelt sich in den Gewässern der Hecht, und an stillen Uferböschungen baut der Eisvogel seine Röhren. Die mancherorts unberührte Landschaft ist eins der letzten deutschen Tierparadiese und wird es bleiben, wenn jeder Besucher es respektiert. Mehr als tausend Käferarten krabbeln im Gebiet der Seenplatte, etwa achthundert Schmetterlingsarten flattern hier umher. Über die Baumwipfel und Wasserflächen schweben die imposanten Großvögel Seeadler, Fischadler, Kranich und Schwarzstorch. Um diese Landschaft zu erhalten, gibt es vier großflächige Schutzgebiete: den Müritz-Nationalpark und die Naturparks Mecklenburgische Schweiz und Kummerower See, Nossentiner-Schwinzer-Heide sowie Feldberger Seenlandschaft.

Mecklenburg gehörte zu den rückständigsten deutschen Gebieten. Als letztes Land hob es 1820 die Leibeigenschaft auf. Sarkastisch schlug Nationaldichter Fritz Reuter für die Landesverfassung vor: »Paragraf 1: Allens bliwwt bi'n Ollen. Paragraf 2: Nix ward' ännert.« Und von Bismarck, Deutschlands erstem Kanzler, sollen die Worte stammen:

» *Ein wahres Eldorado für Wassersportler* «

»Wenn die Welt untergeht, ziehe ich nach Mecklenburg, denn dort passiert alles 50 Jahre später.« In die Dörfer führen wie zu Urgroßvaters Zeiten Straßen mit Buckelpflaster, von alten Eichen und Linden gesäumt und halb vergessen. Die aus Feldsteinen aufgemauerten Katen, vielerorts jedoch bereits zu DDR-Zeiten modernisiert und bewohnt, entstanden einst für die Landarbeiter.

Die Seenplatte ist ein Paradies für Naturfreunde und Freizeitkapitäne. Die Menschen leben im Einklang mit der Natur, doch davon können sie ihr Leben nicht bestreiten. Der Tourismus ist für diese Region wie für das gesamte Bundes-

Junioren segeln auf dem Schweriner See

Mecklenburgs Versailles: Schloss Ludwigslust

land Mecklenburg-Vorpommern existenziell wichtig. Deshalb hat man in den letzten Jahren – ohne die Natur aus dem Auge zu verlieren – die Infrastruktur verbessert und zum Beispiel zahlreiche Häfen modernisiert. Allein in den Häfen und Marinas rund um die Müritz gibt es etwa 3000 Liegeplätze, zu DDR-Zeiten fanden hier nur etwa 250 Boote Platz. Die Hotels wurden fast alle auf internationalen Standard gebracht, viele neue sind entstanden. Die Hotellerie der Seenplatte gehört zur modernsten in Deutschland. Hotels werden nur noch wenige gebaut, weitere Freizeiteinrichtungen sollen vor allem entstehen, um die Sommersaison zu verlängern – Ziel ist es, ganzjährig viel mehr Gäste in das reizvolle Land zu holen. Die 2000 eröffnete Urlaubs- und Freizeitanlage Land Fleesensee, die sich harmonisch in die Landschaft einfügt, folgt diesem Trend. Rund vierhundert Arbeitsplätze sind durch diese Ferienanlage im Herzen der Seenplatte geschaffen worden, und die gesamte Region hat einen wirtschaftlichen Schub bekommen.

> *Hier gibt es noch heile Natur*

Mecklenburg war das Land der Kontraste – die Katen liegen im Schatten der Herrenhäuser, die ihrer Pracht wegen hier meist als Schloss bezeichnet werden. Zu Ruhm über die Landesgrenzen hinaus gelangten das Residenzschloss in Schwerin und das Schloss in Güstrow, der wohl prachtvollste Renaissancebau Norddeutschlands. Wer in die Kirchen schaut, staunt über die Fülle sakraler Kunst. Wer hätte das in dieser Region vermu-

AUFTAKT

tet! Erbaut sind die Kirchen meist aus Backstein, dem berühmten gebackenen Ziegel, der im 14. und 15. Jh. seine große Zeit hatte. Backsteingotik nennen Kunstgeschichtler den Norddeutschland prägenden Architekturstil. Zum Schönsten der Backsteingotik zählen der Ostgiebel der Marienkirche und die vier Stadttore in Neubrandenburg sowie der Dom in Schwerin.

Die Herzöge dieser Region waren oft zerstritten. Besonders heftiger Streit entbrannte, wenn es um Erbschaften ging. Das führte zu mancher Teilung, so auch 1701. Der westliche Teil des Landes (Mecklenburg Schwerin) wurde fortan vom Schweriner Schloss aus regiert, eine Zeit lang auch von Ludwigslust. Die Regenten des östlichen Teils (des Minilandes Mecklenburg-Strelitz) saßen im heute nicht mehr vorhandenen Schloss in Neustrelitz. Ab 1815, seit dem Wiener Kongress, durften sich beide Großherzog nennen.

» *Man staunt über die Fülle sakraler Kunst* «

Eile scheinen die Mecklenburger nicht zu kennen, sie gehen alles ruhig und gelassen an. Geschwätzigkeit ist ihnen fremd, zurückhaltend und wortkarg werden sie genannt. Hinter der rauen Schale, die ihnen nachgesagt wird, verbergen sich allerdings zuverlässige, hilfsbereite Menschen und vor allem gute, aufmerksame Gastgeber, die ihr zauberhaftes Land lieben. Schattige Wälder, weite Felder, stille Seen, Ruhe und Beschaulichkeit.

Die Seenplatte literarisch

Eine kleine Auswahl an Büchern zum Einstimmen oder Vertiefen

1890 brach der Engländer Henry M. Doughty zu einer Schiffsreise auf, die ihn über die Müritz und die Mecklenburgischen Kleinseen führte. Jetzt liegt sein Reisebericht erstmals in deutscher Sprache unter dem Titel »*Mit Butler und Bootsmann*« vor. Günter de Bruyn zeichnet in seinem jüngsten Buch »*Preußens Luise*« mit der ihm eigenen poetischen Kraft eine historische Legende nach. Die aus dem Herzogshaus Mecklenburg-Strelitz stammende Königin Preußens, die Gemahlin von König Friedrich Wilhelm III., wird bis heute außergewöhnlich verehrt. Zu vielen Stätten in dem Land, das der Schriftsteller Uwe Johnson sehr mochte, führt Wolfgang Geisthövel in dem Buch »*Reisen in Uwe Johnsons Mecklenburg*«. Der in Stavenhagen geborene Fritz Reuter, der Mecklenburg zum großen Thema seiner Romane gemacht hat, wird in der Bildbiografie »*Fritz Reuter, Leben, Werk und Wirkung*« von Cornelia Nenz vorgestellt.

STICHWORTE

Findlinge, Katen und Herrenhäuser

Mit etwas Glück lässt sich von Schatten spendenden Alleen aus Deutschlands Wappentier beobachten

Alleen
Die herrlichen alten Alleen sind zum Teil noch mit Feldsteinen gepflastert, über die schon die Truppen Napoleons geritten sein könnten. Die Bäume wurden oft vor rund 200 Jahren gepflanzt, um im Winter bei hohem Schnee den Weg zu den Nachbarorten zu weisen. Im Sommer überdachen sie mit ihren belaubten Kronen die Straßen. Eine besonders schöne Allee gibt es in Moltzow (nordwestlich von Waren).

Barlach, Ernst (1870–1938)
Im Alter von vierzig Jahren siedelte der Bildhauer, Grafiker und Dichter in das mecklenburgische Güstrow über. Er arbeitete in bescheidenen Wohnungen und Ateliers, bis er 1931 das neue Bildhaueratelier am Inselsee bezog. Die Nationalsozialisten zwangen Barlach zum Schweigen, diffamierten und ächteten ihn. 381 seiner Werke wurden als »entartet« aus Kirchen und Museen entfernt, darunter aus dem Güstrower Dom »Der Schwebende«. Vom Gipsmodell wurde ein Zweitguss für die Antoniterkirche

Neubrandenburg: Stadtmauer mit Wiekhaus und dem Fangelturm

in Köln angefertigt, ein Nachguss kam 1953 als Geschenk der Kölner Domgemeinde nach Güstrow. Der berühmte Dramatiker und Lyriker Bertolt Brecht würdigte den Künstler mit den Worten: »Ich halte Barlach für einen der größten Bildhauer, die wir Deutschen gehabt haben.«

Brinckman, John (1814–1870)
Der in Güstrow gestorbene John Brinckman zählt zu den Großen der niederdeutschen Literatur. Sein bekanntestes Werk ist die romanhafte Episodenerzählung »Kasper Ohm un ick«. Das Gut Rey bei Kleverhof sowie Dobbertin und Goldberg waren Stationen in Brinckmans Lehrertätigkeit. Seine Geburtsstadt Rostock benannte den Stadtteil Brinckmansdorf nach ihm, Güstrow errichtete ihm zu Ehren einen Brunnen.

Fauna
Die Mecklenburger Seenplatte ist wildreich: Reh, Wildschwein, Rot-, Dam- und Muffelwild leben hier. In Ivenack gibt es ein Damwildgehege, in dem über sechzig Tiere unter Bedingungen gehalten werden, die der freien Wildbahn weitgehend ent-

sprechen. Auf der Halbinsel Damerower Werder können Sie sich ein Wisentgehege anschauen.

In den Seen tummeln sich am häufigsten Zander, Barsch, Blei, Aal, Hecht und Plötze. Ausgesprochenes Anglerglück hat, wer einen Hecht von 15 kg oder einen Aal von 5 kg aus dem Wasser zieht.

Der Müritz-Nationalpark bietet seltenen Greifvögeln Lebensraum. Charakteristischer Vogel der Seen ist der Höckerschwan; der Weißstorch kann sogar auf den Dächern der Kleinstädte beobachtet werden. Im Herzen der Seenplatte leben noch die vom Aussterben bedrohten Fischotter. Schilder, beispielsweise an der Straße von Waren zum Wisentgehege Damerow, fordern mit dem Hinweis »Otterwechsel 20–7 Uhr« zur Rücksichtnahme auf. Die Artenvielfalt der Region beeindruckt: vierhundert Spinnenarten, achthundert Schmetterlings- und über tausend Käferarten wurden registriert.

Findlinge

Gletscher der letzten Eiszeit haben Millionen großer Steine, Findlinge genannt, zurückgelassen. Liegt ihr Volumen über 10 m^3, sind sie als Naturdenkmal geschützt. Die größten Findlinge im Gebiet der Mecklenburger Seenplatte sind der »Große Stein« (59 m^3) im Forst bei Goldenbaum (Müritz-Nationalpark) und der »Riesenstein« (54 m^3) in Woggersin (an der Straße nach Neubrandenburg). Dieser 5,2 m lange, ebenso breite und 3,8 m hohe Felsblock wurde in den letzten Tagen des Zweiten Weltkriegs für einen Panzer gehalten. Die Sowjets schossen Granaten auf den Stein und spalteten ihn strahlenförmig. Weitere bedeutende Findlinge sind »De grote Stein« (42 m^3) in der Feldmark von Blankenhof (westlich von Neubrandenburg) und der »Große Stein« (21 m^3) in Weisdin (Nordende des Langen Sees, 500 m von der B 96 entfernt).

Blick in das Ivenacker Damwildgehege

STICHWORTE

Flora
Von Menschenhand angelegte Kiefernforste beherrschen die Landschaft. Die angestammten Buchenwälder sind kaum noch anzutreffen. Typisch für die Seenlandschaft sind schöne Baumgruppen oder Einzelbäume. So stehen nördlich von Groß Gievitz (am Waldweg nach Hungerstorf) vier mächtige Eichen mit einem Stammumfang von je 8 m. Berühmt sind die Eichen von Ivenack, die als die ältesten Europas gelten. Die gewaltigste von ihnen hat ein vermutetes Alter von 1200 Jahren und einen Kronendurchmesser von 29 m. Die stärkste Eibe Mecklenburgs wächst 50 m neben der Kirche in Jabel: Ihr Stammumfang misst 4,35 m.

Herrenhäuser
Ihrer Pracht wegen werden die Herrenhäuser meist als Schloss bezeichnet. Die Besitzer wurden 1945 im Rahmen der Bodenreform, die unter der Führung der Sowjets stattfand, durchweg enteignet. Zu DDR-Zeiten dienten die Gebäude als Schulen, Seniorenheime, Ferienhäuser oder Internate. Viele bekamen nach der Einheit neue Besitzer, wurden wunderschön restauriert und oft zu Hotels umgebaut, wie in Klink, Groß Plasten und Kittendorf. Zahlreiche Herrenhäuser stehen noch leer und zum Verkauf. Doch die enorm hohen Kosten für die Sanierung schrecken viele Interessenten ab.

Katen
Katen heißen die kleinen, schlichten Wohnhäuser der Landarbeiter. Viele von ihnen haben keinen Schornstein; der aus dem offenen Herd aufsteigende Rauch entwich durch Fenster und Türen. »Rookhus« (Rauchhaus) werden diese Katen deshalb genannt. Der Fußboden bestand aus gestampftem Lehm oder war mit Ziegelsteinen ausgelegt. Meistens befand sich in den Katen auch ein Stall für eine Kuh, mehrere Ziegen oder Schweine, denn die Landarbeiter waren auf die Tierhaltung angewiesen. Futter lagerte auf dem Dachboden. Im Agrarmuseum Alt Schwerin können Sie eine Kate besichtigen.

Lehm- und Backsteinstraße
Die Backsteinarchitektur prägt im Norden Deutschlands die Dorf- und Stadtbilder. Der Lehm ist der wohl älteste und gleichzeitig modernste Baustoff der Menschheit; hier zu Lande sind viele Häuser aus dem Lehm der einst gemeindeeigenen Gruben erbaut worden. Im Ortsdreieck zwischen Lübz, Plau und Ganzlin wurde deshalb die Lehm- und Backsteinstraße eingerichtet *(www.lehmbacksteinstrasse.de)*. Sie führt zu verborgenen Sehenswürdigkeiten dieser Region, beispielsweise dem Lehmmuseum in Gnevsdorf, in dem der lange vergessene Bodenschatz anschaulich präsentiert wird. Und zur Ziegelei Benzin, einem Industriedenkmal vor den Toren von Lübz, in dem bald alte Produktions- und Arbeitsweisen der Ziegler wieder erlebbar sein sollen.

Mecklenburg
Der Name Mecklenburg geht auf die Hauptburg der Obotriten zurück, die nördlich des Schweriner Sees stand. In einer Urkunde aus dem Jahr 995 wird sie als »castrum michelenburg« bezeichnet. An die im 14. Jh. verfallene Burg erinnert heute nur noch ein Erdhügel nahe

der Kirche im Dorf Mecklenburg. Der Name lebt aber in dem seit 1348 bestehenden Herzogtum und dem 1990 wieder gebildeten Bundesland Mecklenburg-Vorpommern fort.

Nationalparkticket

Das Müritz-Nationalparkticket ist ein einzigartiger Verkehrsverbund von Bus, Bahn und Schiff *(www.nationalparkticket.de)*. Die Busse haben einen kostenlosen Fahrradanhänger, mitfahrende Nationalparkranger geben Erläuterungen. Auch auf den Schiffen werden Fahrräder kostenlos transportiert. Die Müritz-Linie bietet eine Erlebnistour an, die Sie von Waren (Müritz) oder Boek aus mit dem Bus, dem Schiff, dem Fahrrad oder zu Fuß in die Natur des Nationalparkes eintauchen lässt. Die zwischen Neustrelitz, Mirow, Kratzeburg und Ankershagen verkehrende Fischadler-Linie bietet als Zusatzangebot Kanuwanderungen, die Otter-Linie führt mit dem Bus rund um die Feldberger Seenlandschaft.

Plattdeutsch

Bis zum 14. Jh. war Plattdeutsch, auch Niederdeutsch genannt, die Verkehrssprache in Norddeutschland. Im Laufe des 16. Jhs. setzte sich Hochdeutsch durch, das in den großen Städten vom Bürgertum und auf dem Lande vom Adel übernommen wurde. Plattdeutsch blieb die Sprache der einfachen Menschen. Es gibt verschiedene Dialekte, die sich in Mecklenburg und Vorpommern aber kaum unterscheiden. Einheimische hören jedoch heraus, ob es sich um einen Mecklenburger von der Müritz oder einen Vorpommern von der Insel Rügen handelt. Die jüngere Generation hat heutzutage vielfach Schwierigkeiten, Plattdeutsch zu sprechen, verstehen kann es aber jeder. Binnenländern gelingt es nur selten, einem auf Plattdeutsch geführten Gespräch zu folgen.

Reuter, Fritz (1810–1874)

Nach dem Tod des Mecklenburger Nationaldichters gab der Verleger Carl Dethloff Hinstorff eine Volksausgabe der Reuter-Werke heraus: Die Gesamtauflage betrug über eine Million Exemplare – kein anderer Autor des 19. Jhs. konnte eine nur annähernd so hohe Auflage erzielen. In Neubrandenburg und Stavenhagen stehen künstlerisch gestaltete Reuter-Denkmale – das entfernteste befindet sich in Chicago in den USA; deutsche Auswanderer hatten es 1893 errichten lassen. Viele Orte haben zur Erinnerung an Reuter-Besuche Findlinge mit Inschriften aufgestellt oder Gedenktafeln angebracht. Begraben liegt er im thüringischen Eisenach. Dorthin war er 1863 übergesiedelt. Die Werke des in Stavenhagen geborenen Dichters wurden in fast alle europäischen Sprachen und sogar ins Japanische übersetzt.

Seeadler

Mit einer Flügelspannweite von über 2 m ist der Seeadler der größte Greifvogel, der in Deutschland vorkommt. Im Gebiet der Seenplatte haben mehrere Paare und unverpaarte Jungvögel ihre Heimat. Der Seeadler, das deutsche Wappentier, ernährt sich zum Großteil von Fischen; die Jagd erfolgt meist aus dem Flug heraus. Der auf hohen, alten Bäumen errichtete Horst ist so groß, dass ein Mensch darin liegen könnte. Im März legen Seeadler, die während der Brutzeit ihr Revier gegen Artgenossen verteidigen, zwei bis drei weiße Eier in den mit getrocknetem Gras gepolsterten Horst. Nach etwa vierzig Tagen schlüpfen die Küken, nach zehn bis zwölf Wochen sind sie flügge. Der König der Lüfte bleibt das ganze Jahr über in seinem Revier, das eine Größe von etwa 10 bis 50 km^2 hat. Seeadler sind äußerst menschenscheu und misstrauisch; im Müritz-Nationalpark brüten 15 Paare, deren Horste streng bewacht werden.

Seenstatistik

Mit 116,8 km^2 ist die Müritz das größte Gewässer der Mecklenburger Seenplatte, gefolgt vom Schweriner See mit 63,4 km^2 und dem Plauer See mit 38,7 km^2. Den vierten Platz nimmt der Kummerower See mit 32,6 km^2 vor dem Kölpinsee mit 20,7 km^2 ein. Die größte Tiefe hat mit 58,5 m der Breite Luzin bei Feldberg, gefolgt vom Schweriner See mit 54 m und der Müritz sowie dem Tollensesee mit jeweils 33 m.

Wiekhaus

Wiekhäuser sind kleine Kampfhäuser, die in die Stadtmauer eingefügt waren und diese überragten. Entwickelt wurden sie aus halbrunden Nischen für Armbrustschützen. Die Wiekhäuser wurden meist im Abstand von etwa 30 m gebaut und besaßen Schießscharten zum Wall und seitlich zur Mauer. Für jedes Haus gab es einen Wiekhaushauptmann. Neubrandenburg besaß im 16. Jh. 53 Wiekhäuser. Nach dem Dreißigjährigen Krieg hatten sie ihren Verteidigungswert verloren und wurden zu Wohnungen ausgebaut oder verkamen. Bis zum Ende des Zweiten Weltkriegs waren in Neubrandenburg noch etwa 25 dieser Häuser bewohnt. Wiek ist im Norddeutschen die Bezeichnung für kleine Ostseebuchten. Vermutlich leitet sich der Name für die buchtenartig aus der Mauer ausgearbeiteten Häuser davon ab.

Sinfonie in Blau: die Müritz, von Röbel aus gesehen

ESSEN & TRINKEN

Süß-saure Gerichte sind typisch

Backpflaumen und Fisch gehören zur regionalen Küche

Für Gourmets war die mecklenburgische Küche lange Zeit nicht verlockend, sie galt als einfach und deftig. Dieser Ruf aus der Vergangenheit haftet ihr auch heute vielfach noch an. Doch die Zeiten haben sich geändert: Vorbei ist die aus der Not geborene Eintönigkeit der DDR-Küche, fleißig haben die Gastronomen in der letzten Zeit in Großmutters Kochbüchern gekramt und viele längst vergessene Rezepte hervorgeholt und kochen sie nach. Immer mehr Restaurantführer verleihen Gastronomen Kochlöffel oder Sterne für kreative Speisen.

In der Vergangenheit konnten sich die Landarbeiter und Fischer nur wenig leisten. »Nicht das Leckere und Zarte, sondern das Schwere und Massenhafte bestimmt den Speisezettel«, so schrieb der Kulturhistoriker Fromm 1860. Grünkohlsuppe beispielsweise galt als richtig zubereitet, wenn ein Ei darin nicht umfallen konnte. Man wollte gesättigt vom Tisch aufstehen. Gegessen wurde, was die eigene Wirtschaft erzeugte: Kartoffeln, Kohl und Rüben, Schweine- und Rindfleisch, Geflügel und natürlich Fisch.

Der Geschmack der regionalen Hausmannskost dürfte jedoch oftmals ungewohnt sein. Süß-sauer abgeschmeckte Speisen sind typisch, Zucker gehört zu vielen Hauptgerichten ebenso wie Backpflaumen und Rosinen. Manch Mecklenburger mag absolut nicht verstehen, warum sein Gast angesichts von »Rindfleisch mit Pflaumen« nicht wie einst Fritz Reuter vor Freude in die Hände klatscht. Auch an »Linsensuppe mit Backpflaumen« und »Warme Blutwurst mit Rosinen« wird sich nicht jeder Auswärtige gewöhnen.

»Frischer Fisch vom Fischer!« Mit diesem Slogan laden viele Gaststätten an der Mecklenburger Seenplatte zu Tisch. Die meisten Gäste möchten angesichts der vielen Gewässer Fisch essen, den viele Köche vorzüglich zubereiten. Zu den Spitzenreitern der Gastronomie gehören *Ich weiß ein Haus am See* in Krakow sowie *Schröter's* in Schwerin.

Die köstlichsten Fischsuppen gibt es übrigens nicht an der Ostseeküste, sondern im Seenplattengebiet. Der Grund: Der Süßwasserfisch Hecht eignet sich dafür be-

Regionale und internationale Spezialitäten: An der Seenplatte werden auch Gourmets zufrieden gestellt

Mecklenburgische Spezialitäten

Lassen Sie sich diese Köstlichkeiten gut schmecken!

Gedünsteter Müritzzander – in Portionen geschnittener Zander, der in einem Sud aus Gewürzen, Wein und Zitronensaft gegart wurde. Beilage: Salzkartoffeln sowie frisches Gemüse oder Blattspinat

Gefüllte Entenbrust – in Scheiben geschnitten, wird die fruchtig gefüllte Brust mit Sahne angerichtet und mit Apfelrotkohl und Kartoffelklößen serviert

Gefüllter Schweinerücken – Schweinerücken, der mit einer Hackfleischmasse gefüllt ist, unter die klein geschnittene Backpflaumen gemischt sind. In Scheiben geschnitten, wird er mit Soße, Kartoffeln, grünen Bohnen oder Apfelrotkohl serviert

Hecht in Petersiliensoße – in Stücke geschnittener, gekochter Hecht in einer Dillsoße. Beilage: Salzkartoffeln und Kopfsalat

Klopfschinken – rohe, dünn geklopfte, in mit Muskat gewürzte Milch eingelegte und danach goldbraun gebackene Schinkenscheiben. Dazu: in Butter gebratene Waldpilze, grüner Salat oder gedünstetes Gemüse, Kartoffeln

Mecklenburger Lammkeulenbraten – mit in Rotwein eingeweichten Backpflaumen gefüllte Lammkeule. Zu der gebratenen Keule gibt es Stampfkartoffeln sowie Kraut- oder Selleriesalat

Mecklenburger Rippenbraten – leicht gepökelte, gefüllte Schmorrippe vom Schwein. Die Füllung besteht u.a. aus geschälten Äpfeln und eingeweichten, klein geschnittenen Backpflaumen. Der gut geschmorte Braten kommt in Scheiben geschnitten auf den Tisch, dazu gibt es Soße, Kartoffelklöße und grünen Salat

Mecklenburger Sauerfleisch – klein geschnittenes, gekochtes Fleisch aus Kalbs- und Schweinefüßen, das mit Gelatine, Essig und Zucker verfestigt ist. Beilage: meist Bratkartoffeln und Krautsalat

Rote Grütze – zur Grütze gebundene Beeren, abgeschmeckt mit einer Prise Zimt. Serviert wird die Nachspeise mit Vanillesoße

Schweinekamm mit Backpflaumen – in Scheiben geschnittener, geschmorter Schweinekamm, der mit Soße bedeckt ist. Die mit Zucker weich gedünsteten und mit geriebenen Pfefferkuchen abgeschmeckten Backpflaumen werden heiß darüber gelegt. Beilage: Stampfkartoffeln oder Klöße sowie Gurken- und Tomatensalat

ESSEN & TRINKEN

sonders gut. Zubereitet wird die Suppe meist mit Gemüse und saurer Sahne. Tradition haben die Gemüsetöpfe, die es in vielen Varianten gibt, was die meisten Gastwirte aber hartnäckig ignorieren. Der herzhafte mecklenburgische Kohlrübeneintopf aus »Steckräuben« (auch als »Wrucken« bezeichnet), kann wohl nur bei Bekannten oder Vermietern probiert werden.

Manche Restaurants schreiben die Angebote der regionalen Küche in Platt – der Originalität wegen. Deshalb muss aber keiner Plattdeutsch lernen, die Übersetzung ins Hochdeutsche wird stets mitgeliefert: »Kak't Boors« ist gekochter Barsch, »Braden Maischull« gebratene Scholle, »Brattüfften mit mangrögt Eiern« ein Bauernfrühstück, und »Brägen« ist gebackenes Schweinehirn. »Braden von't wilde Swin« nichts anderes als Wildschweinbraten. Die Wälder der Region sind wildreich, deshalb wird oft Wild angeboten. Abwechslung in die Dorfspeisekarten bringt das Schlachtfest. Wenn möglich, sollten Sie das Angebot probieren: »Grüttwurst« (Grützwurst) beispielsweise oder »Swartsur von't Swin« (Schwarzsauer vom Schwein).

An kühlen Sommertagen sind die Gaststätten mittags gut besucht. Die Urlauber legen sich dann nicht zum Sonnen an die Seeufer, sondern wandern, und das macht hungrig. Wer seinem Gaumen etwas Besonderes bieten möchte, wählt mit Äpfeln, Backpflaumen und Rosinen gefüllte Ente. Soll das Mittagessen auch regionaltypisch enden, dann kommt als Nachspeise nur die »rode Grütt« (rote Grütze) in Frage. Abends sollte man den Spuren der Einheimischen folgen. Sie wissen nicht nur, wo es das beste Bier gibt, sondern auch, wo es am wenigsten kostet. Auf der Abendkarte fehlt selten Kartoffelsalat. Ist er mit Hering, gekochten Eiern und sauren Gurken zubereitet, dann wurde er in der eigenen Küche hergestellt.

Zwischendurch schmeckt ein Fischbrötchen gut. Neuerdings haben manche Bäcker ein altes mecklenburgisches Rezept ausgegraben: Mecklenburger Speckkuchen (mit geräuchertem, klein gewürfeltem Speck, Kümmel und Salz bestreut), der warm aus dem Ofen am besten mundet und sich auch als Imbiss eignet.

Wer nach dem Winterspaziergang durchgefroren ist, bekommt zum Aufwärmen einen »Köm« (klarer Kümmelschnaps) oder einen Grog gereicht: Auf zwei Stück Zucker wird so viel Rum oder Weinbrand gegossen, bis das Glas zur Hälfte voll ist. Dann wird mit siedend heißem Wasser aufgefüllt. Oft gibt es den Grog auch mit Tee gemischt. Ansonsten wird gern Bier getrunken, die Mecklenburger mögen das heimische sehr; an erster Stelle rangiert das Lübzer.

Wer eingeladen ist, sollte, selbst wenn der Magen noch so »grölt«, »quarrt« oder »jurkt«, immer erst die Aufforderung des Gastgebers abwarten: »Nu ät doch, lang doch tau.« Wenn man dann so richtig »rinspachtelt« oder »verposementiert«, heißt es bestimmt, der hat einen Magen »as 'ne Koh« Und wer als »Fretbüdel« bezeichnet wird, sollte das als Ausdruck des trockenen mecklenburgischen Humors nehmen. Wenn landestypische Gerichte nicht sogleich schmecken, wird bestimmt getuschelt: »Dei weit jo nich, wat schmeckt.«

EINKAUFEN

Aal und Keramik

Die Seenplatte ist ein Natur- und kein Shoppingparadies – aber Souvenirs finden sich trotzdem

Wer sich in den Tourist-Informationen nach Souvenirs erkundigt, bekommt oft ein Schulterzucken zur Antwort. Die agrarisch geprägte Seenplatte hat keine erwähnenswerte Volkskunst und somit auch keine typischen Souvenirs hervorgebracht. Ohne Mitbringsel muss dennoch keiner nach Hause fahren. Zahlreiche Keramiker haben sich in den letzten Jahrzehnten in dieser Region angesiedelt, weil leerstehende Bauerngehöfte ideale Werkstatträume boten. Dort kann in romantischer Umgebung zugeschaut werden, wie die Künstler den Ton zu Gegenständen formen. Und direkt bei ihnen kosten diese meist weniger als in einer Galerie. In Galerien, so in Teterow, Güstrow und Neubrandenburg, werden Arbeiten einheimischer Künstler in großer Auswahl angeboten. Beliebt sind Aquarelle mit Landschaftsmotiven. In großer Auswahl gibt es Bildbände und geschichtliche Darstellungen über Städte und Regionen und selbstverständlich auch die Werke von Mecklenburgs Nationaldichter Fritz Reuter.

In der Sternberger Gegend kann »Kuchen« gefunden werden, der dreißig Millionen Jahre alt ist. »Sternberger Kuchen« wird volkstümlich ein hell- bis rotbraunes Ablagerungsgestein genannt, in welches Krebse, Korallen, Schnecken, ja sogar Haifischzähne eingebacken sind. Wer kein Finderglück hat, kann den »Kuchen« im Sternberger Heimatmuseum kaufen. Zwischen zwei und drei Euro kostet das Stück.

Ein beliebtes Mitbringsel anderer Art sind frisch geräucherte Aale, die in vielen Orten Fischer, manchmal noch handwarm, anbieten. Deshalb sollten Sie auf die zahlreichen kleinen Hinweisschilder achten. Beliebt sind ebenfalls viele Mecklenburger Naturprodukte. In Nordeuropas größter Feldsteinscheune in Bollewick bei Röbel bietet der Bauernladen Hanföl, Gurkenmus, Löwenzahntee und vieles mehr an. Wer eine noch größere Auswahl sucht, findet sie auf den Bollewicker Bauernmärkten. Da ist fast alles zu haben, was der Boden und die Gewässer Mecklenburgs hergeben und was hier verarbeitet wird. Wer auf Shopping in der naturbelassenen Landschaft nicht verzichten möchte, der fährt nach Schwerin. In der City gibt es unzählige Geschäfte und das große Einkaufszentrum Schlosspark-Center, in Neubrandenburg das Marktplatz-Center.

Buntes Markttreiben vor dem Templiner Rathaus

Feste, Events und mehr

Jazz, Motorsport und rasende Badewannen

In den Ferienorten werden den Gästen in der warmen Jahreszeit zahlreiche Veranstaltungen geboten. Dorf-, Stadt- und Sommerfeste sorgen für Kurzweil und Abwechslung. Einige der Feste haben überregionale Bedeutung erlangt.

Jahr im Frühling eine heiße Woche, wenn mehr als 100 Musiker aus zahlreichen Ländern mit Dixieland und Swing, mit Blues und Free-Jazz Einheimische wie Touristen begeistern. *Eine Woche in der zweiten Monatshälfte*

Schwerin: im Mecklenburgischen Staatstheater

Feiertage
Neujahr, Karfreitag, Ostermontag, 1. Mai *(Tag der Arbeit)*, Himmelfahrt, Pfingstmontag, 3. Oktober *(Tag der Deutschen Einheit)*, 31. Oktober *(Reformationstag)*, 1. und 2. Weihnachtsfeiertag

Besondere Veranstaltungen
März
Insider Tipp *Neubrandenburger Jazzfrühling:* Neubrandenburg erlebt jedes

Pfingsten
Teterower Bergringrennen: Mit einer Länge von 1877 m, mit Steigungen bis zu 22 Prozent, mit gewaltigen Sprungschanzen und schwierigen Kurven gilt die Strecke als Europas schönste Grasrennbahn. Seit mehr als 80 Jahren steht das Internationale Bergringrennen in jedem Motorsportkalender

Mai
Reuter-Festspiele Stavenhagen: Spielstücke und Lieder für Freunde des Plattdeutschen.

Juni–September
Festspiele Mecklenburg-Vorpommern: Von großer Sinfonik bis zu Dixieland reicht das Programmspektrum. Orchester, Chöre und Sänger von Weltrang erfüllen Schlösser, Gutshäuser, Scheunen und Parks mit Musik der Extraklasse. Ein Forum für nationale und internationale Nachwuchskünstler stellt die Kammermusikreihe »Junge Elite« dar. Die Feldsteinscheune in Ulrichshusen ist der Hauptspielort. *Festpielbüro, Graf-Schack-Allee 11, 19053 Schwerin, Tel. 0385/59 18 50, www.festspiele-mv.de*

Musiksommer Mecklenburg-Vorpommern: Einheimische und internationale Musiker gestalten das Festival, das einen norddeutschen Charakter trägt. Tradition haben die Konzerte im Schweriner Schlossgarten. *Geschäftsstelle, Apothekerstr. 28, 19055 Schwerin, Tel. 0385/51 29 34, www.musiksommer-mv.de*

Juni/Juli
Schlossgartenfestspiele Neustrelitz: Die legendäre preußische Königin Luise bildet den Mittelpunkt der gleichnamigen Operette mit der Musik von Johann Strauß und anderen Komponisten. Jedes Jahr steht noch eine andere populäre Operette auf dem Spielplan. *Schlossgartenfestspiele, Tel. 03981/239 30, www.Residenzstadt-der-Operette.de*

Juli
Schweriner Töpfermarkt: Einmal im Jahr eilen die freunde schöner Töpferwaren nach Schwerin. Denn an einem Wochenende gibt es hier Keramik in Hülle und Fülle zu sehen und zu kaufen. Aus der ganzen Republik kommen mehr als 50 Werkstätten angereist, die regionalen sind selbstverständlich auch vertreten. Der Schweriner Töpfermarkt »Ton und Töne« wurde zum größten seiner Art in Norddeutschland. Zu ihm gehören auch musikalische Veranstaltungen. *Stadt-Marketing Schwerin, Tel. 0385/592 52 12, www.schwerin.de. Ein Wochenende Anfang des Monats*

★ *Badewannenrallye:* Die feuchtfröhliche Gaudi zieht seit Jahren Tausende von Gästen nach Plau am See. Teilnahmeberechtigt sind eigene Konstruktionen, die oftmals von abenteuerlicher Art sind. Die Zuschauer erheitern auch spannende Wasserschlachten. *Ein Wochenende Mitte des Monats*

»Burgfeste« gibt´s allerorten

Schwerin und Umgebung

Ein Schloss wie aus dem Märchenbuch

Kunst und Kulturschätze in der Landeshauptstadt, Ruhe und Beschaulichkeit im Umland

Sieben größere Seen umgeben Schwerin, die wasser- und waldreiche Landschaft scheint in die Stadt hineingewachsen zu sein. Die Schweriner brauchen lediglich vor die Haustür zu treten, und schon haben sie Wasser vor sich. Nur wer Ruhe und Beschaulichkeit wünscht, muss ein wenig in die grüne Umgebung wandern. Zum Ost- oder Westufer des Schweriner Sees beispielsweise, des drittgrößten Sees Deutschlands, den der 1844 aufgeschüttete Paulsdamm teilt. Seitdem gibt es den Außensee und den Innensee mit der Schlossinsel. Schwerins Schloss mit den unterschiedlichen Baustilen und Dutzenden von Türmchen und Erkern könnte einem Märchenbuch entstammen. Zum Schloss gehören als Kleinode gartenbaulicher Kunst der Burg- und der Schlossgarten. Einen ebenso schönen hat Peter Joseph Lenné in Ludwigslust entworfen, das das Herzogshaus über 60 Jahre als Residenz wählte. Nach sechsjähriger Bauzeit wurde 2001 die 15 Mio. teure Sanierung der Orangerie sowie des Terrassenbereichs abgeschlossen.

Schwerins Schloss ist Sitz des Landtags und Museum

Schwerin

 Karte in der hinteren Umschlagklappe

[104 C5] Der Aufstieg über die schmale Wendeltreppe auf den Domturm ist strapaziös, aber die Mühe lohnt: Vom Rundgang bietet sich ein fabelhafter Blick auf das, was es in der kleinsten Landeshauptstadt Deutschlands (99 000 Ew.) zu erkunden gibt. Und das ist mehr als das berühmte Schloss. In Schwerin lässt sich alles gut erlaufen, große Teile der Innenstadt sind ohnehin für Autos gesperrt. Einer der Spaziergänge könnte vom Schloss ins Herz der Altstadt mit dem Marktplatz und zur Schelfkirche (St. Nikolai) führen, der schönsten barocken Stadtkirche Mecklenburgs, und zum Pfaffenteich, Schwerins »Binnenalster«. Die Paulskirche am anderen Ufer gilt als bedeutendster neugotischer Kirchenbau Mecklenburgs. Ganz in der Nähe vor dem Hauptbahnhof plätschert der Brunnen »Rettung aus Seenot«. Als er 1911 enthüllt wurde, so erzählt man, sei die Spenderin angesichts der nackten Brunnenfiguren in Ohnmacht gefallen.

SCHWERIN

Fachwerkfassade am Schweriner Schelfmarkt

Bereits heute bereitet sich die Stadt auf die Bundesgartenschau 2009 vor. Schwerin möchte zeigen, wie der Erhalt der natürlichen Ressourcen mit den Bedürfnissen der Stadtbewohner in Einklang gebracht werden kann. »Eine ganze Stadt« wird Bundesgartenschau, lautet das Motto.

SEHENSWERTES

Alter Garten
Die »gute Stube« Schwerins wird der Platz genannt, an dem repräsentative Gebäude bewundert (und teilweise auch besucht) werden können. Was einem griechischen Tempel ähnelt, ist das einstige Großherzogliche Museum. Heute beherbergt das Haus mit der großen Freitreppe das Staatliche Museum. Im Neurenaissancestil wurde das heutige Mecklenburgische Staatstheater erbaut. Mehrere Herzoginnen verbrachten ihre Witwenjahre in dem schlichten zweigeschossigen Fachwerkbau an der Ecke zur Schlossstraße, der den Namen Altes Palais oder Alexandrinenpalais trägt. Das klassizistische Regierungs- und Kollegiengebäude gegenüber, die heutige Staatskanzlei, stammt von Georg Adolph Demmler. Den überdachten Gang zum Nachbarhaus hat der Volksmund ironisch »Beamtenlaufbahn« getauft. Die Siegessäule nach römischem Vorbild erinnert an den Sieg über Frankreich im Krieg 1870/71. In den Sommermonaten verwandelt sich der Alte Garten in eine große Freilichtbühne: Riesige Begeisterung für die grandiosen Aufführungen von Aida (2000), Nabucco (2001) und für Turandot (2002). *Insider Tipp*

Dom
★ Das beherrschende Bauwerk der Altstadt und ein Meisterstück der Backsteingotik. Mit seiner Länge von 100 m übertrifft der Dom die

SCHWERIN UND UMGEBUNG

großen hanseatischen Kirchen an der Ostseeküste. Der Turm mit einem Aussichtsrundgang in 50 m Höhe ist mit 117,5 m der höchste Kirchturm in Mecklenburg-Vorpommern. Die Orgel mit etwa 6000 Pfeifen in dem 1416 fertig gestellten Backsteinbau ist die größte Mecklenburgs.

Marktplatz
Das Altstädtische Rathaus an der Ostseite des Platzes bekam 1835 von Demmler eine Schaufassade im Stil der Tudorgotik vorgesetzt. Schauen Sie nach oben: Auf den Zinnen reitet ein vergoldetes Abbild des Stadtgründers Heinrich der Löwe. Kunstschmied Paltzoss nahm als Vorlage das persönliche Siegel des Sachsenherzogs. Von der Rückseite des Rathauses am Schlachtermarkt (ein Durchgang befindet sich linker Hand) ertönt jeden Mittag kurz nach 12 Uhr das Glockenspiel mit der Melodie von Mecklenburgs meistgesungenem Volkslied »Von Herrn Pastor sien Kauh«. Im Norden findet sich das Neue Gebäude von 1785, Markthalle bis ins 20. Jh.

Schloss
★ Der Fünfflügelbau gehört zu den herausragenden Bauwerken des Historismus. Im Schloss tagt der Landtag, und es gibt das Schlossmuseum. Nach der umfangreichsten Umgestaltung zog die großherzogliche Familie am 26. Mai 1857 mit großem Pomp ein. Das Bischofshaus und das Große Neue Haus, beide am reichen Terrakottaschmuck erkennbar, stammen noch aus dem 16. und 17. Jh. Das große Reiterstandbild am Portalbau zeigt, wie man sich vor 150 Jahren den berühmten Obodritenfürsten Niklot vorstellte. Für die Gestaltung des Burggartens lieferten Gottfried Semper und Peter Joseph Lenné Anregungen.

Schlossgarten
Eine der schönsten Parkanlagen Norddeutschlands mit Kreuzkanal und Laubengängen. Das Reiterstandbild von Großherzog Friedrich Franz II. wurde 1893 im Beisein von Kaiser Wilhelm enthüllt. Sie sollten auch den südöstlichsten Parkteil besuchen, den so genann-

---

MARCO POLO Highlights »Schwerin und Umgebung«

★ **Dom**
Mittelalterliche Grabdenkmale, Mecklenburgs größte Orgel und ein fabelhafter Blick vom Turm (Seite 28)

★ **Turm-Café-Restaurant**
Essen und Trinken in 101 m Höhe (Seite 31)

★ **Schloss**
Sich im prachtvollen Thronsaal wie einst der Großherzog fühlen (Seite 29)

★ **Ludwigslust**
Vorgetäuschter Glanz und Prunk im Goldenen Saal des spätbarocken Schlosses (Seite 32)

SCHWERIN

ten Grünhausgarten. Dieser wurde von dem Gartenbauarchitekten Peter Joseph Lenné im englischen Landschaftsstil angelegt.

Zoo
Auf der Vogelanlage tummeln sich Wasservögel aus aller Welt. Zu internationalem Ruhm gelangte der Zoo durch seine Zuchterfolge bei Braunbären. Auf einer Fläche von 1,5 km² leben etwa 700 Tiere. Erlebnisreich sind die Nachtführungen *(Beginn 20 Uhr, Termine unter Tel. 0385/39 55 10). Mai–Sept. tgl. 9–17 Uhr, Sa, So bis 18 Uhr, Okt.–April bis 16 Uhr, Waldschulenweg 1, www.zoo-schwerin.de*

Insider Tipp

katen und duftender Kräutergarten sowie ein 300 Jahre altes niederdeutsches Hallenhaus. *Mitte April–Okt. Di–So 10 bis 18 Uhr, Alte Crivitzer Landstr. 13*

Schleifmühle
Die einzige Schauanlage ihrer Art in Deutschland. In der Mühle von 1705 wurden Steine zersägt und geschliffen. Hier entstanden die steinerne Wandverkleidung für den Thronsaal des Schweriner Schlosses und der aus Granit gefertigte Sarkophag für Herzog Friedrich in der Schlosskirche Ludwigslust. *April–Okt. Fr–So 10–17 Uhr, Schleifmühlenweg 1*

Schlossmuseum
Die Schlössergalerie zeigt auf Gemälden alle großherzoglichen Schlösser, in der Ahnengalerie hängen in lückenloser Reihenfolge Bilder aller Herzöge von Albrecht II., der 1348 die mecklenburgische Herzogswürde erwarb, bis zu Herzog Friedrich, dem

MUSEEN

Freilichtmuseum Mueß
Der überwiegende Teil des nach Schwerin eingemeindeten Dorfes Mueß wurde Museum. Den Mittelpunkt bilden Dorfschmiede, Hirten-

Den Alltag der Fischer nacherleben im Freilichtmuseum Mueß

SCHWERIN UND UMGEBUNG

die Residenzstadt Ludwigslust zu danken ist. Die Sammlung Meißner Porzellane gehört zu den weltweit bedeutendsten. *Di–So 10–17.30 Uhr, Mitte Okt.–Mitte April bis 16.30 Uhr*

Staatliches Museum
Die berühmte »Torwache« von Carel Fabritius ist hier im Original zu bewundern. Ausgestellt sind auch Bilder von Peter Paul Rubens, Lovis Corinth, Frans Hals und Jan Bruegel. Neuerdings besitzt das bedeutendste Kunstmuseum Mecklenburg-Vorpommerns 69 Werke des Franzosen Marcel Duchamp, der neben Pablo Picasso zu den wichtigen Wegbereitern der Moderne gehört. *Di 10–20 Uhr, Mi–So 10–18 Uhr, Mitte Okt.–Mitte April bis 17 Uhr, Alter Garten 3, www.museum-schwerin.de*

ESSEN & TRINKEN

Classic Café Röntgen
Handwerklich gefertigte Konditoreiprodukte von Torten über Pralinen, Eis bis zu Konfitüren im denkmalgeschützten Säulengebäude. *Am Markt 1*

Schröter's
Feine mecklenburgische Küche. Erik Schröter serviert in seinem kleinen Bistro-Restaurant frische, saisonale Gerichte. *Körnerstr. 21, Tel. 0385/550 76 98, €€€*

Turm-Café-Restaurant
★ Seit 1999 ist das Restaurant im Fernmeldeturm im Stadtteil Großer Dreesch wieder geöffnet und eine Touristenattraktion. Einen Aussichtsrundgang gibt es in 97,5 m Höhe. Reservierung ist zu empfehlen. *Tel. 0385/201 00 20, €*

Weinhaus Wöhler
Schwerin hat nach jahrelangem Leerstand und Verfall das traditionsreiche Weinhaus wieder. Wie einst gibt es gutes Essen und guten Wein in angenehmer Atmosphäre. *Puschkinstr. 26, Tel. 0385/55 58 30, €€*

ÜBERNACHTEN

Am Fliederberg
Familienfreundliches Hotel garni, nur etwa 1,5 km von der Innenstadt entfernt. *17 Zi., Lübecker Str. 253, 19053 Schwerin, Tel. 0385/71 48 96, Fax 73 43 37, €*

Ringhotel Arte
Ein backsteinernes Bauernhaus und ein stilvoller Anbau in ruhiger, dörflicher Stadtrandlage wurden zu einem Refugium für Kunst- und Naturfreunde umgestaltet; Sauna, Solarium, Dampfbad. *40 Zi., Dorfstr. 6, 19061 Schwerin, Tel. 0385/634 50, Fax 634 51 00, €€–€€€*

Etap Hotel
Preiswerter können Sie in keinem Hotel der Region übernachten; etwa 5 km vom Stadtzentrum entfernt im Ortsteil Krebsförden. *84 Zi., Eckdrift 8, 19061 Schwerin, Tel. 0385/646 51 20, €*

Crowne Plaza
First-Class-Hotel mit 100 großzügig geschnittenen und vollklimatisierten Zimmern. *Bleicher Ufer 23, 19053 Schwerin, Tel. 0385/575 50, Fax 575 57 77, €€€*

Jugendherberge
Am südlichen Steilufer des Schweriner Sees in einem kleinen Wald gelegen. *93 Betten, 4 Familienzimmer, Waldschulweg 3, 19061*

SCHWERIN

Schwerin, Tel. 0385/326 00 06, Fax 326 03 03, €

Sorat Speicher-Hotel
Hinter der denkmalgeschützten Fassade des ehemaligen Getreidespeichers erwartet Sie moderner Hotelkomfort. *79 Zi., Speicherstr. 11, 19055 Schwerin, Tel. 0385/500 30, Fax 500 31 11,* €€€

AM ABEND

Das *Mecklenburgische Staatstheater* bietet Schauspiel, Oper, Operette, Musical, Ballett *(www.theaterschwerin.de)*. Die *Mecklenburgische Staatskapelle* gehört zu den traditionsreichen Klangkörpern in Deutschland. *Vorverkauf: Alter Garten, Tel. 0385/ 530 01 23.* 🏃 Im *Thalia (Geschwister-Scholl-Str. 2)* Konzerte, Disko, Talkrunden, Lesungen und Kabarett. Jazz-, Blues- und Countrybands spielen im *Speicher, Körnerstr. 12, Fr und Sa ab 21 Uhr*

AUSKUNFT

Schwerin-Information
Am Markt 10, 19055 Schwerin, Tel. 0385/592 52 12, Fax 55 50 94, stadtmarketing-schwerin@t-online.de, www.schwerin.de

ZIELE IN DER UMGEBUNG

Ludwigslust [111 D3]
★ Ein »Versailles von Mecklenburg« schwebte Herzog Friedrich vor, als er Mitte des 18. Jhs. Schloss und Park Ludwigslust errichten ließ. Die Pläne waren für das arme Land aber einige Nummern zu groß – im über zwei Etagen reichenden Goldenen Saal des Schlosses konnte Reichtum nur vorgetäuscht werden, fast alles besteht aus bemaltem Pappmaché. Das Schloss wurde Museum für höfische Kunst und Wohnkultur des 18. und 19. Jhs. *(April–Okt. Di–So 10–18 Uhr, Nov.–März 10–17 Uhr)*. Die turmlose Kirche dem Schloss gegenüber erinnert mit ihrer Schauseite an einen griechischen Tempel. Der weitgehend von Peter Joseph Lenné geschaffene prächtige Schlosspark ist der größte in Mecklenburg-Vorpommern. Östlich der Schlossanlage entstand planmäßig die 40 km von Schwerin entfernte Stadt Ludwigs-

Petermännchen

Ein kleiner Schlossgeist wurde zum Wahrzeichen

Zur Symbolfigur Schwerins wurde der Schlossgeist Petermännchen mit Federhut und weiten Pluderhosen. Er hat das eigentliche Wahrzeichen auf dem Rathaus, den reitenden Stadtgründer Heinrich den Löwen, völlig in den Schatten gestellt. Petermännchen steht lebensgroß im Schlosshof, um 1856 im Auftrag von Großherzog Friedrich Franz II. aus Sandstein gehauen. Die erste nachweisbare Darstellung ist im Schlossmuseum zu sehen, ein im 17. Jh. gemaltes Rundbild.

SCHWERIN UND UMGEBUNG

Konzert im »Goldenen Saal« von Schloss Ludwigslust

lust mit zunächst barocken und später klassizistischen Häusern, heute eine der wertvollsten Stadtanlagen aus dem 18./19. Jh. In der Stadtmitte liegt das schöne *Landhotel de Weimar* mit dem Restaurant *Ambiente* im lichtdurchfluteten Innenhof *(52 Zi., Schlossstr. 15, 19288 Ludwigslust, Tel. 03874/41 80, Fax 41 81 90, €€€)*

Neustadt-Glewe [111 D3]
Die Alte Burg ist die am besten erhaltene mittelalterliche Wehranlage Mecklenburgs. Das Schloss, 1618 im Stil der niederländischen Spätrenaissance begonnen und ein Jahrhundert später im schlichten Barock fertig gestellt, wurde zum *Grand-Hotel Mercure Schloss Neustadt-Glewe (42 Zi., Schlossfreiheit 1, 19306 Neustadt-Glewe, Tel. 038757/53 20, Fax 55 32 99, €–€€)* Neustadt-Glewe (7500 Ew.), 35 km von Schwerin entfernt, erfreut Besucher mit vielen Fachwerkhäusern. Reizvoll ist von hier aus ein Ausflug in die Lewitz, eine wasser- und wiesenreiche Niederungslandschaft, die sich allerbestens zum Wasserwandern und Radfahren eignet.

Wöbbelin [111 D2]
Unter einer alten Eiche fand der Dichter und Freiheitskämpfer Theodor Körner 1813 seine letzte Ruhestätte. Er galt als Symbol des nationalen Widerstands gegen Napoleons Fremdherrschaft. Das von Leier und Schwert bekrönte gusseiserne Denkmal steht schon seit 1814 auf dem Grab. Ein kleines Museum *(April–Okt. Mi–So 10–16 Uhr, Nov. bis März Mi–Fr 10–16 Uhr, So 13 bis 16 Uhr)* informiert auch über das Außenlager Reiherhorst des nationalsozialistischen Konzentrationslagers Neuengamme, in dem von den 6000 Häftlingen über 1000 ums Leben kamen. Wöbbelin ist 30 km von Schwerin entfernt.

UM GOLDBERG UND GÜSTROW

Hügelgräber, Burgwälle und Backsteinkirchen

Mit Pferdekutsche, Fahrrad oder Sportboot zu Zeugen frühmittelalterlichen Lebens

Ob mit der Pferdekutsche, auf dem Fahrrad oder im Sportboot – überall gibt es viel zu entdecken: Zwischen Serrahn und Kuchelmiß das romantische Nebeltal, in dem das sonst friedliche Flüsschen wie ein Gebirgsbach über Gesteinsbrocken rauscht. Oder den Naturpark Nossentiner-Schwinzer Heide mit Binnendünen, Feuchtwiesen, Wacholderheiden und über 50 Seen, an und auf denen sich Kraniche, Gänse und Enten beobachten lassen. Aus den Äckern heben sich bronzezeitliche Hügelgräber hervor, an die slawischen Obodriten erinnern Burgwälle. Nördlich von Sternberg konnte eine ihrer Tempelburgen ausgegraben werden. Sie wurde nachgebildet und lässt im Freilichtmuseum Groß Raden frühmittelalterliches Leben nachempfinden. Aus der Zeit der deutschen Besiedlung stammen Feld- oder Backsteinkirchen, so der 1226 gestiftete Dom in Güstrow mit seinen bedeutenden Kunstwerken.

Vom Turm der Marienkirche überblickt man ganz Güstrow

Gelb leuchtet der Raps

GOLDBERG

[106 B5] Gold wurde hier niemals gefunden oder auch nur bearbeitet, der Name leitet sich vielmehr von einem slawischen Dorf namens Glocze ab. In dem Städtchen (5000 Ew.) geht es beschaulich zu. Weder am Tag noch am Abend hat es viel zu bieten. Dennoch hat die Stadt touristische Bedeutung: Man fährt hierher zum Essen oder quartiert sich in einem der Privat- oder Hotelzimmer ein, denn Goldberg ist der ideale Ausgangspunkt für Ausflüge: zum Beispiel in das Landschaftsschutzgebiet Dobbertiner Seengebiet und in das mittlere Mildenitztal mit seinen herrlichen al-

GOLDBERG

Heuernte in der Nossentiner Heide

ten Buchenwäldern. Der Goldberger See kann auf einem ausgeschilderten Wanderweg (15 km) umrundet werden.

MUSEUM

Naturmuseum
Naturmuseum für Westmecklenburg mit Bauerngarten. In der alten Wassermühle, einem hübschen Fachwerkbau, am Flüsschen Mildenitz ist die historische Küche der Anziehungspunkt. *Mo bis Fr 9–12 und 13–17 Uhr, So 10–12 und 14–17 Uhr, Okt.–April nur bis 16 Uhr, Müllerweg 2*

ESSEN & TRINKEN

Michaelis
Schmackhaftes und dennoch preiswertes Essen. Wer bleiben möchte: Es gibt ein Doppel- und ein Einzelzimmer. *Mi geschl., Jungfernstr. 19, Tel. 038736/410 96, €*

ÜBERNACHTEN

Seelust
Etwa 2 km außerhalb in zauberhafter ruhiger Lage am Goldberger See gelegen, mit zum Wasser hin geöffnetem Innenhof; Sauna, Solarium, Hochzeitszimmer. *50 Zi., Am Badestrand 4, Tel. 038736/82 30, Fax 823 58, €€*

Schloss Passow
Wohnen in einem klassizistischen Kleinod in ruhiger Lage. *25 Zi. und Suiten, Am Schloss 67, 19386 Passow (8 km von Goldberg entfernt), Tel. 038731/36 50, Fax 365 19, €–€€*

AUSKUNFT

Fremdenverkehrsamt
Lange Str. 66, 19399 Goldberg, Tel. 038736/404 42, Fax 405 35, goldberg@m-vp.de, www.goldberg.mvp.de

Um Goldberg und Güstrow

ZIEL IN DER UMGEBUNG

Dobbertin [106 B5]
Schon von weitem sind die beiden 50 m hohen Doppeltürme der Klosterkirche zu sehen. Das 5 km von Goldberg entfernte Kloster wurde nach der Reformation ein Stift für adlige Jungfrauen, heute beherbergt es eine Diakonieeinrichtung. Während einer Führung (90 Min.) tauchen Sie ein in die einst klösterliche Welt. *Anmeldungen Tel. 038736/ 861 00, Kloster-Dobbertin@t-online.de*

insider tipp

Naturpark Nossentiner-Schwinzer Heide [106–107 A–E 5–6]
Etwa 60 Seen schauen wie blaue Augen aus dem Grün des 365 km^2 großen Naturparks, in dem 16 Naturschutzgebiete liegen. *Ausstellung und Information der Naturparkverwaltung: Juni–Sept. tgl. 10–18 Uhr, Okt.–Mai Mo–Fr 10–16 Uhr, Ziegenhorn 1, 19395 Karow, Tel. 038738/702 92, Fax 738 41, np.nsh@t-online.de.* Trinkwasserqualität besitzt der Drewitzer See, dem man bis zu 8 m auf den Grund schauen kann. An seinem Ufer, still und abgelegen, hatte sich DDR-Staatschef Erich Honecker ein Feriendomizil errichten lassen. Auf diesem etwa zwölf Fußballfelder großen Gelände empfängt seit Sommer 2000 die *Jagd- und Naturpark-Residenz* Gäste *(33 Ferienhäuser mit 80 m^2 für bis zu 6 Personen, 5 Suiten, 17214 Drewitz, Tel. 039927/ 76 70, Fax 767 19, €€)*.

Güstrow

Karte in der hinteren Umschlagklappe

[106 B3] Bekannt wurde die Stadt (33 700 Ew.) selbst bei Amerikanern und Japanern durch den Bildhauer, Graphiker und Dichter Ernst Barlach, der 1910 nach Güstrow übergesiedelt war. Sein »Schwebender« im Dom dürfte berühmter sein als der Dom selbst. Die Nationalsozialisten hatten die Plastik als »entartete Kunst« entfernt und eingeschmolzen. Nach dem Zweiten Weltkrieg kam aus Köln ein Nachguss als Geschenk. Der Marktplatz

---

MARCO POLO Highlights
»Um Goldberg und Güstrow«

★ **»Der Schwebende«**
Ernst Barlachs Plastik ist bekannter als der Güstrower Dom, in dem sie hängt (Seite 38)

★ **Freilichtmuseum Groß Raden**
Der slawische Tempelort versetzt in die Zeit vor 1000 Jahren (Seite 43)

★ **Schloss Güstrow**
Juwel der Renaissancebaukunst in Norddeutschland (Seite 38)

★ **Warnow-Durchbruchtal**
Eine landschaftliche Perle: Es rauscht und tost wie im Gebirge (Seite 43)

GÜSTROW

Ernst Barlachs »Schwebender«

der Stadt, zu dem acht Straßen führen, gehört zu den architektonischen Perlen Mecklenburgs. Das Rathaus besteht aus vier nebeneinander stehenden Giebelhäusern, die Ende des 18. Jhs. an der Ostseite mit einer klassizistischen Schaufassade zusammengefasst wurden.

SEHENSWERTES

Dom
Ernst Barlachs berühmtes Ehrenmal für die Opfer des Ersten Weltkriegs, ★ »Der Schwebende«, hängt im nördlichen Seitenschiff. Der Backsteinbau hat weitere bedeutende Kunstwerke zu bieten, unter anderem einen meisterhaften Flügelaltar sowie die Renaissancewandgräber des Fürsten Heinrich Borwin II. und des Herzogs Ulrich.

Galerie Wollhalle
Sehenswerte Sonderausstellungen in einem restaurierten historischen Bauwerk. *Schlossstraße, Auskunft zu Themen und Öffnungszeiten: Tel. 03843/76 93 61 (Kulturamt)*

Natur- und Umweltpark
Hier können Sie Seeadler und Kraniche sehen. In landschaftlich schöner Lage werden 250 Tiere in 48 Arten gehalten. *Tgl. 9–18 Uhr oder bis Einbruch der Dunkelheit, Verbindungschaussee*

Marienkirche
Sie steht mitten auf dem Markt. Die Figuren des Hauptaltars in dem Backsteinbau hat Jan Bormann aus Brüssel geschnitzt; die Tafelbilder stammen vom Niederländer Bernaert van Orley. *Turmbesteigung Juli, August:* Aus 53 m Höhe lässt sich die Stadt mit ihren vielen alten Bauten hervorragend überblicken.

Schloss Güstrow
★ Ein Juwel der Renaissancebaukunst in Norddeutschland. Italienische, niederländische, deutsche Handwerker und Künstler haben ihre unterschiedlichen Handschriften hinterlassen. Die Dreiflügelanlage ist heute Güstrows Kulturzentrum, die schönsten Räume gehören zum Schlossmuseum.

MUSEEN

Ernst-Barlach-Gedenkstätten
Im Atelierhaus am Heidberg und in einem 1998 eröffneten Museumsneubau wird über Barlachs vielseitiges künstlerisches Schaffen informiert *(März–Okt. Di–So 10–17 Uhr, Nov.–Feb. 11–16 Uhr)*. In der Ger-

Um Goldberg und Güstrow

trudenkapelle, einer von Barlach geliebten Pilgerkirche aus dem 15. Jh., wird der Künstler ausschließlich als Bildhauer vorgestellt. *Gertrudenplatz 1, geöffnet wie Atelierhaus*

Schlossmuseum
Zu sehen sind vorwiegend Kunstwerke aus einst großherzoglichem Besitz. Vor allem der Festsaal ist ein Schmuckstück. *Di–So 9–17 Uhr, Schloss*

ESSEN & TRINKEN

Barlach-Stuben
Mecklenburgische Küche, vor allem Wild und Fisch. *Plauer Str. 7, Tel. 03843/68 48 81,* €€

Erbgroßherzog
Eine lohnende Adresse: Geboten wird eine Mischung aus deutscher und internationaler Küche. *Markt 1 (im Hotel Stadt Güstrow), Tel. 03843/78 00,* €€

ÜBERNACHTEN

Am Güstrower Schloss
Modernes Haus vis-à-vis des Renaissanceschlosses. *45 Zi., Schlossberg 1, Tel. 03843/76 70, Fax 76 71 00,* €€

Jugendherberge
🏃 Am Stadtrand in waldreicher und ruhiger Lage am Inselsee. *100 Betten, Heidberg 33, Tel. 03843/84 00 44, Fax 84 00 45,* €

Villa Camenz
Modernisierte Pension im englischen Landhausstil in Randlage. *15 Zi., Lange Stege 13, Tel. 03843/245 50, Fax 24 55 45,* €

FREIZEIT & SPORT

Die *Oase (www.oase-guestrow.de)*, das tgl. geöffnete Badeparadies in der *Plauer Chaussee 7*, hat Innen- und Außenwasserbecken, Strömungskanal, 130-m-Wasserrutsche,

Schloss Güstrow: Norddeutschlands bedeutendster Renaissancebau

Krakow am See

Saunawelt und vieles mehr. Fahrspaß in Karts von 4,4 bis 9 PS bietet die 🏃 *Kartbahn* in der *Glasewitzer Chaussee 12 (im Industriepark Rövertannen), www.kart-guestrow.de.* Von Mitte Oktober bis Mitte Februar bietet die 🏃 *Eishalle (Plauer Chaussee)* winterlichen Spaß.

AUSKUNFT

Güstrow-Information
Domstr. 9, 18273 Güstrow, Tel. 03843/68 10 23, Fax 68 20 79, stadtinfo@guestrow.de, www.guestrow.de

Krakow am See

[106 C5] Der offizielle Ortsname sagt schon viel über die Lage: eine kleine Stadt (3500 Ew.) an einem großen See (16 km²), der mit seinen vielen Buchten und kleinen Inseln zu den schönsten Gewässern der Mecklenburgischen Seenplatte zählt. Mehrere Stadtbrände haben in Krakow die interessanten Bauwerke vernichtet, die Stadtkirche aus dem 13. Jh. wurde nach jedem Brand etwas bescheidener errichtet. Die Sehenswürdigkeiten des traditionsreichen Luftkurortes sind landschaftliche Perlen. Steigen Sie auf den ↙ Aussichtsturm auf dem Jörnberg oder auf den 81 m hohen Mäckelberg, und überzeugen Sie sich selbst, warum Fritz Reuter das Paradies »bi Groten-Baebelin, Serrahn un Krakow, so recht middwarts in Mecklenborg« ansiedelte. Die Einwohner dankten ihrem Nationaldichter diese liebevollen Worte mit einem Denkmal auf der hakenförmig in den See greifenden Halbinsel Lehmwerder.

SEHENSWERTES

Jüdische Gedenkstätten
Die Synagoge (1866) überstand als eine der wenigen den nationalsozialistischen Terror, weil die Krakower Juden sie bereits 1921 dem Arbeiter-Turn- und -sportbund als Turnhalle übergeben und somit nicht mehr genutzt hatten. Im ehemaligen Betsaal werden heute Ausstellungen gezeigt, finden kulturelle Veranstaltungen statt *(Schulplatz)*. Auf dem etwa 100 m entfernten jüdischen Friedhof, einem separaten Teil des kommunalen Friedhofs, fand 1937 die letzte Beerdigung statt. Der älteste Grabstein stammt von 1829. *Plauer Chaussee*

MUSEUM

Buchdruckmuseum
Hier ist zu sehen, wie früher Druckerzeugnisse entstanden; nach Voranmeldung auch Schaudrucken. Wer in dem ehemaligen Schulgebäude eine Treppe höher steigt, kommt in die Heimatstube des Ortes. *Mai bis Aug. Mi–So 10–12 und 13–16 Uhr; Sept.–April Di–Fr 10–12 und 13 bis 16 Uhr; Schulplatz 2, Tel. 038457/222 58*

Insider Tipp

ESSEN & TRINKEN/ ÜBERNACHTEN

Am Jörnberg
Etwas abseits beim Freibad. Im Restaurant gutbürgerliche Küche. *3 Zi., Am Jörnberg, Tel./Fax 038457/222 24, €*

Ich weiß ein Haus am See
Seit Gastronomieführer das Restaurant entdeckt haben, lassen sich auch Gourmets hier verwöhnen. 8

Um Goldberg und Güstrow

Zimmer, einige mit schönem Seeblick. *Altes Forsthaus 2, Tel. 038457/232 73, Fax 232 74,* €€€

CAMPING

Naturcampingplatz
Direkt am Krakower See gelegen. *Ganzjährig geöffnet, Tel. 038457/224 69, Fax 232 00*

FREIZEIT & SPORT

Das Freibad am Krakower See überrascht mit Strandkörben wie an der Ostseeküste. Zu den beliebten Seerundfahrten (1 oder 2 Std.) wird mehrmals täglich *(Di–So)* von der Seepromenade aus abgelegt.

AUSKUNFT

Krakow-Information
Lange Str. 2, 18292 Krakow am See, Tel. 038457/222 58, Fax 236 13, info1@krakow-am-see.de, www.krakow-am-see.de

ZIELE IN DER UMGEBUNG

Linstow [107 D5]
Das bislang abseits der Touristenwege liegende Linstow, 10 km von Krakow am See entfernt, hat sich zu einem Ferienort entwickelt. Mit dem *Van der Valk Resort Linstow* entstand ein Hotel- und Ferienparkkomplex mit 98 geräumigen Hotelzimmern, 200 zweigeschossigen Ferienhäusern (für bis zu 8 Pers.; 456 Häuser sollen es werden), tropischem Erlebnisbad und einer multifunktionalen Sporthalle. *Krakower Chaussee 1, 18292 Linstow, Tel. 038457/70, Fax 245 65, www.vandervalk.de,* €€. Das in Deutschland einmalige *Wolhynier-Museum* im Dorf erinnert an 73 deutschstämmige Umsiedler aus der westukrainischen Region Wolhynen, die 1947 in Linstow eine neue Heimat fanden. Eingerichtet wurde das Museum in einem bis 1987 bewohnten wolhynischen Haus *(Di–So 13–16 Uhr)*

Lustig bunt sind die Bootshäuser am Krakower See

STERNBERG

Nebeltal [106 C4]
Wie ein Gebirgsbach springt die Nebel zwischen Serrahn und Kuchelmiß über die Felsbrocken. Wer den Naturlehrpfad »Nebeltal« entlangwandert, kann im klaren Wasser des von Wald umsäumten Flusses die Forellen beobachten.

STERNBERG

[105 F4] Im Osten der Sternberger See, im Westen der Luckower See und in der Mitte Sternberg (5000 Ew.) mit der Stadtkirche, die wie eine Glucke auf ihrem Nest wirkt. Die als »Sternberger Brand« bezeichneten Verzierungen am Querbalken im ersten Geschoss bilden einen hübschen Schmuck an den zahlreichen Fachwerkhäusern. Die am rechteckigen Marktplatz entstanden nach dem großen Stadtbrand 1741. Im Vorgängerbau des Rathauses an der Nordseite tagte von 1572 an (ab 1621 im Wechsel mit Malchin) der mecklenburgische Landtag.

SEHENSWERTES

Stadtkirche
Das an die Wand der Turmhalle gemalte Bild zeigte die letzte Beratung des mecklenburgischen Landtags 1549 an der Sagsdorfer Brücke. Sehenswert auch die Kapelle an der Südseite. Weit über das Land können Sie vom Turm der Backsteinkirche blicken. *Mai–Sept. Di–Sa 9–17 Uhr, Mühlenstr.*

Bummel durch die Welt der Bücher

Ein Refugium der Ruhe und Entspannung in Groß Breesen

Mehr als 70 000 Bücher liegen in dem Gutshotel 20 km nordwestlich von Krakow am See für große und kleine Leseratten bereit. Die Idee, ein Buchantiquariat von der Größe eines ganzen Dorfes zu schaffen, hatte 1961 der Brite Richard Booth. In Hay-on-Wye realisierte er seine Vorstellung. Die Booktown fand in vielen Ländern Nachahmer, mittlerweile auch in den Bundesländern Brandenburg (Wünsdorf) und Sachsen-Anhalt (Mühlenbeck-Friedersdorf). In Mecklenburg-Vorpommern lehnte sich das Ehepaar Conny und Uwe Weiß an die Idee des Briten an – nicht ein Dorf, aber ihr Gutshotel mit 30 Zimmern und einem urigen Gewölberestaurant machten sie zu einer Booktown, zu einem Refugium der Ruhe und Entspannung für geistig interessierte Menschen. Überall im Haus, in den Zimmern, auf den Fluren, in den Bibliotheken, stehen Bücher. Jedes Buch, das gefällt, darf mitgenommen werden, im Tausch sind mindestens zwei aus dem eigenen Bestand dazulassen. *Gutshotel Groß Breesen, 18276 Groß Breesen, Tel. 038458/500, Fax 502 34, www.Gutshotel.de*

Um Goldberg und Güstrow

MUSEUM

Heimatmuseum
Der Arbeitsplatz des Friseurs stammt von 1888. Der Figaro rasierte nicht nur Bärte und schnitt Haare, sondern zog bis 1925 auch Zähne. Im Museumshof sind bäuerliche und handwerkliche Arbeitsgeräte zu sehen. *Mai–Okt. Di–Fr 10–12 und 13–16 Uhr, Sa 10 bis 12 Uhr, So 15–17 Uhr, Nov.–April Do 10–16 Uhr, Mühlenstr. 6*

ESSEN & TRINKEN

Landgasthof Sternberger Burg
In der Nähe des Warnow-Durchbruchtals. Die Spezialität: Essen vom heißen Stein. *Dorfstr. 1 (im Ortsteil Sternberger Burg), Tel. 03847/31 10 71, €€*

ÜBERNACHTEN

Falk-Seehotel
Oberhalb des Sternberger Sees, helle und freundliche Zimmer mit Seeblick; Sauna, Swimmingpool, Solarium. *42 Zi., J.-Dörwald-Allee, Tel. 03847/350, Fax 35 01 66, €€*

Schloss Kaarz
Etwa 10 km westlich von Sternberg, allein stehend in einem Park mit alten Mammutbäumen. *12 Ferienwohnungen (bis zu 4 Personen, 19412 Kaarz, Tel. 038483/30 80, Fax 308 40, €€*

CAMPING

Campingplatz Sternberger Seenplatte
Auf einer Anhöhe gelegen. Zum Mieten gibt es auch 12 Ferienhäuser (35 m^2, bis 5 Pers.). *Ganzjährig geöffnet, Mittagsruhe 13–15 Uhr, Tel. 03847/25 34, Fax 53 76*

FREIZEIT & SPORT

Freibad am Luckower See und Strandbad am Sternberger See, dort auch Bootsverleih. Die Badestellen am Wustrower See und am Oberen See südwestlich der Stadt werden (noch) als Geheimtipp gehandelt, denn beide Seen gehören zu den saubersten der Seenplatte.

Insider Tipp

AUSKUNFT

Fremdenverkehrsamt
Luckower Str. 3, 19406 Sternberg, Tel./Fax 03847/45 10 12, stadtinfo@stb.de, www.stb.de

ZIELE IN DER UMGEBUNG

Groß Raden [105 F4]
★ Im Archäologischen Freilichtmuseum, 6 km von Sternberg entfernt, gibt es Informationen über das Leben der Slawen vor 1000 Jahren. Von dem 1973 bis 1980 ausgegrabenen altslawischen Tempelort wurden die markantesten Gebäude auf einer Halbinsel rekonstruiert. *(Ende März–Anfang Nov. tgl. 10–17.30 Uhr).* Im Oldtimer-Museum ist eine Sammlung technischer Kostbarkeiten zu sehen *(April–Okt. Di–So 10–17.30 Uhr).*

Warnow-Durchbruchtal [105 F3–4]
★ 8 km von Sternberg rauscht und tost es wie im Gebirge. Wer die friedliche Warnow von Rostock her kennt, vermag sich nicht vorzustellen, wie wild sie sich auf den 2 km zwischen Groß Görnow und Klein Raden gebärdet.

GROSS-SEENLANDSCHAFT

Kleines Meer und großer Park

Bilderbuchhafte Region mit Seeadler, Kormoran und Kranich

Einer Kette gleich reihen sich der Plauer See, Fleesensee, Kölpinsee und die Müritz aneinander. Sie werden die »Oberen Seen« genannt, weil sie mit mehr als 60 m über dem Meeresspiegel verhältnismäßig hoch liegen. Die Großseenlandschaft ist ein Angler- und Wassersportparadies. Die Elde, mit 220 km längster Fluss Mecklenburgs, verbindet die Seen. Östlich der Müritz, Deutschlands zweitgrößtem See, können großartige Natureindrücke im Müritz-Nationalpark gesammelt werden. Wälder, Moore und Seen bilden die Lebensgrundlage für eine reiche Flora und Fauna. Reh- und Rotwild, Dam- und Muffelwild sowie Wildschweine finden hier Deckung und Nahrung, über den Baumwipfeln kreist Deutschlands Wappentier, der Seeadler. Der Fischotter fühlt sich hier noch wohl, Kormorane brüten, Kraniche balzen, Zehntausende von Wildgänsen rasten hier im Oktober auf ihrem Zug in Richtung Süden. Östliches Eingangstor bildet die Stadt Waren, die wie Plau am See, Malchow und Röbel bis heute ihr stilles Flair behalten hat:

Wenn der Abend kommt, wird es still im Müritzer Segelrevier

Aus dem See direkt in den Rauch

viele kleine Fachwerkhäuser, kopfsteingepflasterte Straßen und würdige Backsteinkirchen mit alles überragenden Türmen und beachtlichen Kunstschätzen im Inneren.

MALCHOW

[113 D1] Perle der Mecklenburger Seenplatte nennt sich Malchow (8000 Ew.) gern, das in der Tat eine wunderschöne Lage hat: In die Stadt schlängelt sich der Malchower See, im Norden stößt sie an den Fleesensee, und im Westen liegt der Plauer See. Der Altstadtkern mit seinem hübschen Fachwerkrathaus liegt auf einer Insel, die ein Erddamm und eine Drehbrücke mit dem Festland verbinden. Wenn die Brücke mehrmals

MALCHOW

Bilderbuch: Malchow mit der alles überragenden Klosterkirche

am Tag zur Seite gedreht wird, um größeren Booten die Durchfahrt zu ermöglichen, versammeln sich stets Schaulustige, um den Freizeitkapitänen vergnügt zuzuwinken.

SEHENSWERTES

Klosteranlage

Das 1298 gegründete Nonnenkloster diente nach der Reformation als Damenstift für adlige Jungfrauen. In der Kirche, die Eigentum der Stadt ist, wird ein Museum aufgebaut. Auf dem Gelände soll eine Galerie für Malchiner Künstler entstehen.

MUSEEN

DDR-Museum

Wissenswertes über die Alltagsgeschichte des untergegangenen »Arbeiter-und-Bauern-Staates«. *Kirchenstr. 25, April–Okt. tgl. 10–16 Uhr, Nov.–März Di, Do 10–16 Uhr, Sa, So 14–17 Uhr*

Mecklenburgisches Orgelmuseum

In der 700 Jahre alten Klosterkirche entstand das Mecklenburgische Orgelmuseum. Gezeigt werden Orgeln aus baulich ungesicherten Gebäuden sowie Orgeln, die sich nicht restaurieren lassen. An einem Modell dürfen Besucher sogar spielen. *Karfreitag–Okt. tgl. 11–17 Uhr*

ESSEN & TRINKEN

Al Pescatore

Vorzügliches italienisches Fischrestaurant. Die Qualität hat aber auch ihren Preis. *Güstrower Str. 23, Tel. 039932/828 87, €€€*

ÜBERNACHTEN

Am Fleesensee

Familiengeführtes Haus, direkt am See. *11 Zi., 4 Ferienwohnungen, Strandstr. 4a, Tel. 039932/16 30, Fax 163 10, €*

GROSS-SEENLANDSCHAFT

Jugendherberge
In ruhiger Lage am Stadtrand. Großes Außengelände. *132 Betten, Platz der Freiheit 3, Tel. 039932/ 145 90, Fax 145 79, €*

Pension und Schänke Lenzer Krug
Traumhafte Lage am Lenzer Kanal und am Plauer See 6 km westlich. Schmackhafte Fisch- und Wildgerichte. *9 Zi., 17213 Lenz, Tel. 039932/16 70, Fax 167 32, €€*

CAMPING

Naturcamping Malchow
Leicht welliges Wiesengelände am Plauer See. *Ganzjährig geöffnet, Mittagsruhe 13–15 Uhr, Tel. 039932/499 07, Fax 499 08*

FREIZEIT & SPORT

Die Eis- und Rollsportanlage in der *Schulstraße* lädt im Sommer zu Inlineskating und Streetball, im Winter zum Schlittschuhlaufen. Von Mai bis Anfang September gibt es täglich verschiedene Schiffsausflüge, das Programm reicht von Tagesfahrten bis zu Drei-Seen-Rundfahrten (90 Minuten). Täglich geöffnet hat die *Bowling-Bar F & A* am Waldsportplatz.

AUSKUNFT

Tourist-Information
An der Drehbrücke, 17213 Malchow, Tel. 039932/831 86, Fax 831 25, infofleesensee@aol.com, www.all-in-all.com/malchow.htm

ZIELE IN DER UMGEBUNG

Alt Schwerin [112 C1]
★ Etwa ein Dutzend im 7 km von Malchow entfernten Dorf verstreut liegende Gebäude gehören zum Agrarhistorischen Museum. Vor dem Hauptgebäude in der Dorfstraße hängt ein Übersichtsplan. Für »Wessis« sollte die Ausstellung ein

---

MARCO POLO Highlights »Gross-Seenlandschaft«

★ **Agrarmuseum Alt Schwerin**
»Holzpantinengymnasium« und Landarbeiterkaten lassen früheres Dorfleben lebendig werden (Seite 47)

★ **Land Fleesensee**
Super Ferienanlage mit Luxushotel, Robinsonclub, Hoteldorf, Erlebnisbad und weiteren tollen Freizeiteinrichtungen (Seite 48)

★ **Müritz-Museum**
Vierzig Fischarten tummeln sich in Deutschlands größtem Kaltwasseraquarium in Waren (Seite 53)

★ **Müritz-Nationalpark**
Mit dem Fernglas unterwegs, um Seeadler, Fischadler, Kranich und Schwarzstorch zu beobachten (Seite 55)

Plau am See

Muss sein, denn sie wurde nach der Einheit bewusst nicht verändert. Sie zeigt die ==Agrargeschichte aus DDR-Sicht==, also ein Museum im Museum. Wer sich ins 19. Jh. versetzen lassen möchte, sollte die Landarbeiterkaten oder die »Holzpantinengymnasium« genannte Dorfschule besuchen. *(Mai–Sept. tgl. 10–17 Uhr, April, Okt. Di–So 10–17 Uhr).*

An der Wendorfer Bucht (gut ausgeschildert) bieten zwei Fischer fangfrischen Fisch an, den sie zum Teil auf Buchenspan räuchern. ==Leckere Fischgerichte== gibt es in ihrer kleinen Fischgaststätte *Zur Forelle, Tel. 039932/499 05*, €.

Land Fleesensee [113 E1]

★ Nordeuropas größte Ferienanlage mit dem Namen *Land Fleesensee* empfing im Mai 2000 die ersten Gäste. Drei namhafte Unternehmen bieten in *17213 Göhren-Lebbin*, 7 km von Malchow entfernt, 1900 Betten, ferner gibt es u.a. die Therme *Fleesensee SPA* mit Erlebnisbad und Saunawelt, außerdem vier Golfplätze und einen Reiterhof.

Das Hotel *Radisson SAS Resort Schloss Fleesensee,* das aus dem völlig modernisierten Schloss Blücher und seinen Dependancen entstand, hat 184 Zimmer, Wellnessbereich sowie mehrere Restaurants und Bars *(Tel. 039932/80 100, Fax 10 10 80 10,* €€€*).*

Der 🏃 *Robinson Club Fleesensee*, die einzige Anlage der TUI-Tochter in Deutschland, bietet 201 Zimmer, Sporthalle, Hallenschwimmbad mit Außenpool, Internetcafé, Diskothek, zwei Restaurants und drei Bars *(Tel. 039932/802 00, Fax 80 20 20,* €€*).*

Das *Dorfhotel Fleesensee,* das erste Projekt der TUI-Tochter in Deutschland, verspricht familiengerechten Urlaub. Die Anlage besteht aus fünf unterschiedlichen Dörfern mit 193 Apartments (40–60 m^2 für bis zu 6 Personen), drei Restaurants, Jugendclub mit Internetcafé und 9 m hoher Kletterwand, Fußballplatz, Leuchtturm (Kindergarten) und Piratenschiff *(Tel. 039932/803 00, Fax 80 30 20,* €€*).*

Teerschweler Sparow [107 D6]

Teerschwelereien produzierten Teer für Schiffbau, Fischerei, Seilereien sowie Holzkohle für Glashütten. Nach alten Unterlagen entstand bei Sparow ein Teerofen, wie es ihn in dieser Region vor 300 Jahren gab. Sechsmal im Jahr finden Schwelbrände statt *(Die Termine erfahren Sie unter Tel. 039927/768 47, www.Teerofen-Sparow.de, Nov.–April. Mo–Do 8–15.30 Uhr, Fr 8–12 Uhr, Mai, Sept., Okt. Mo–Fr 8–17 Uhr, Sa, So 10–17 Uhr, Juni–Aug. Mo–Fr 8–19.30 Uhr, Sa, So 10–19.30 Uhr).* Wem es in der Region gefällt, dem sagt sicherlich auch das gepflegte *Hotel Gutshof Sparow* zu, das Sport, Fitness, Gourmeterlebnisse und 41 Zimmer bietet. *17214 Sparow, Tel. 039927/76 20, Fax 762 99,* €€

Plau am See

[112 C1] Romantisch und ein wenig beschaulich geht es in dem Städtchen (6000 Ew.) zu. Wer von der Elbe zur Großlandschaft schippern möchte, kommt an Plau nicht vorbei – durch die Stadt führt die viel befahrene Müritz-Elde-Wasserstraße. Ein Landgang ist empfehlens-

GROSS-SEENLANDSCHAFT

wert. Holprige Straßen führen nach oben zum Markt mit dem Rathaus im Neorenaissancestil und vielen kleinen Fachwerkhäusern. Plaus schönster Flecken ist der Ortsteil Seeluster Bucht. Vom Turm der Stadtkirche und vom Burgturm lassen sich die nächsten Wanderziele in der grünen Landschaft abstecken, aus der sich der Plauer See heraushebt, Mecklenburgs drittgrößtes Gewässer.

Vorsichtig am Schilf entlang

SEHENSWERTES

Technische Denkmale
Mit einer Hubhöhe von 1,86 m ist die 1916 erbaute Brücke über die Dammstraße ein sehr beliebtes Fotomotiv. Wenn man am Kanal 800 m weiter geht, erreicht man die erstmals 1650 erwähnte Elde-Schleuse. Die Holzbrücke über die Anlage wird »Hauhnerledde« (Hühnerleiter) genannt, denn als sie 1945 gebaut wurde, konnten aus Materialmangel lediglich Leisten statt Treppen aufgenagelt werden.

ESSEN & TRINKEN

Café Altstadt
Nostalgie: beachtlich, was die Plauer an historischen Gegenständen für dieses gemütliche Schmuckstück im Zentrum zusammengetragen haben. Mecklenburger Küche, hausgemachter Kuchen. *Steinstr. 52, Tel. 038735/443 28,* €

Plawe
55 Kaffeespezialitäten und zwei Dutzend Whiskysorten, dazu als kostenlose Zugabe ein herrlicher Blick auf die Elde und die Hubbrücke. *Okt.–April Mi geschl., Große Burgstr. 1, Tel. 038735/468 79,* €

EINKAUFEN

Fangfrischen Fisch aus den umliegenden Seen und Räucherfisch noch warm aus dem Rauch verkauft die *Fischerei Plau (An der Metow, bei der Hubbrücke).* **Insider Tipp**

ÜBERNACHTEN

Gesundbrunn **Insider Tipp**
Ein Haus zum Wohlfühlen. Der Charme einer 1906 erbauten Jugendstilvilla wurde mit modernem Komfort verbunden. Das familiengeführte Hotel liegt direkt am Plauer See. *17 Zi., Hermann-Niemann-Str. 11, Tel. 038735/415 28, Fax 468 38, Kategorie* €–€€

Jugendherberge
In der Nähe des Plauer Sees, 10 Min. vom Bahnhof entfernt; eigene Tennisplätze. *124 Betten, Meyenburger Chaussee 73, Tel./Fax 038735/443 45,* €

Seehotel
Vier Sterne bekam Hotelier Rolf Falk für sein schön gelegenes Haus verliehen, zu Recht, wie die Gäste

Plau am See

So wird der Fang frisch gehalten – wie hier in Plau am See

meinen. *85 Zi., Hermann-Niemann-Str. 6, Tel. 038735/840, Fax 841 66, €€*

CAMPING

Campingplatz Zuruf
Ebenes Wiesengelände am Plauer See. Ganzjährig geöffnet. *Tel. 038735/458 78, Fax 458 79*

FREIZEIT & SPORT

»Nach nur zehn Stunden Unterricht sausen Sie wie geschmiert über das Wasser«, verspricht die *Wasserski- und Surfschule Holger Brümmer*, die auch Kitesurfen lehrt. *Tel./Fax 038735/427 47, www.wakeboardcamps.de*

Von Mai bis Mitte September gibt es Rundfahrten auf dem Plauer See mit Halt u.a. in Bad Stuer. Außerdem Ausflugsfahrten nach Malchow und zum Wisentgehege sowie Tagesfahrten nach Röbel und Waren.

AUSKUNFT

Tourist-Information
Burgplatz 2, 19395 Plau am See, Tel. 038735/456 78, Fax 414 21, Plau-Info@t-online.de, www.plau.de

ZIEL IN DER UMGEBUNG

Lübz [112 A1–2]

Lübz kennt in Mecklenburg-Vorpommern jeder, denn aus der Stadt kommt das wohl beliebteste Bier des Bundeslandes. Das 16 km von Plau am See entfernte Städtchen (7000 Ew.) liegt an der Müritz-Elde-Wasserstraße. Im Zentrum bietet das Schleusen der Schiffe stets ein interessantes Schauspiel. Der Bergfried aus mittelalterlichen Zeiten am Markt beherbergt das Heimatmuseum mit stadtgeschichtlichen Exponaten und gesammelten Kuriositäten *(Mai–Sept. Di–Fr 10–12 und 13–17, Sa 14–16.30, So 10–12 und 14–16.30 Uhr, Okt. bis April Di–Fr 10–12 und 13–16 Uhr)*

GROSS-SEENLANDSCHAFT

RÖBEL

[113 E2] Wie in allen Kleinstädten der Seenplatte, so bestimmen auch in Röbel (6100 Ew.) ein- und zweigeschossige Fachwerkhäuser das Stadtbild. Weil aber Fachwerk im 19. Jh. als ärmlich galt, wurden viele nachträglich verputzt. Die Hauptstraße zieht sich endlos hin, vorbei am Markt mit der Nikolaikirche und der Marienkirche. Wo sie den Binnensee erreicht, eine Bucht der Müritz, fahren die Fahrgastschiffe ab. Die am Wasser entlangführende Müritzpromenade mit Schatten spendenden Bäumen endet an einem Findling, der zur Erinnerung an Fritz Reuter aufgestellt wurde.

SEHENSWERTES

Kirchen

Röbel und die Müritz vom 58 m hohen Turm der *Marienkirche* aus der Vogelperspektive – phantastisch. In die *Nikolaikirche* am Alten Markt lohnt die neogotische Ausstattung einen Blick.

ESSEN & TRINKEN

Seglerheim

Von der Terrasse des Pfahlbaus aus können Sie Segler und Schwäne beobachten. Frisch aus der Müritz kommt der Fisch in die Pfanne. Eine Köstlichkeit: die Fischsuppe. *Nov.–März Mi geschl., Müritzpromenade 11, Tel. 039931/591 81, €€*

ÜBERNACHTEN

Landhaus Müritzgarten

Hotel garni, 100 m von der Müritz in ruhiger Lage. 30 Zimmer im Landhausstil mit Balkon oder Terrasse. Liegewiese, Sauna. *Seebadstr. 45, Tel. 039931/88 10, Fax 88 11 13, €€*

Seelust

Traumhafte Lage an der Müritz, versuchen Sie eins der Balkonzimmer mit Blick aufs Wasser zu bekommen! Whirlpool, römisches Dampfbad, Solarium. *29 Zi., Seebadstr. 33a, Tel. 039931/58 30, Fax 534 93, €€*

Seestern

Am Ende der Promenade, direkt am Wasser. Vorzügliche Küche. *28 Zi., Müritzpromenade 12, Tel. 039931/580 30, Fax 58 03 39, €€€*

FREIZEIT & SPORT

Freizeitspaß auf 3000 m² mit 58-m-Wasserrutsche und vielem mehr bietet die tgl. geöffnete *Müritz-Therme (Am Gottunskamp 14, www.mueritz.de/therme)*. Mehrmals tgl. verkehren von Mai bis Okt. *Fahrgastschiffe* nach Waren, Klink und Rechlin.

AUSKUNFT

Tourist-Information

Straße der Deutschen Einheit 7 (im Haus des Gastes), 17207 Röbel, Tel. 039931/506 51, Fax 535 91, stadt info.roebel@t-online.de, www.roebel. mvp.de

ZIELE IN DER UMGEBUNG

Bollewick [113 E3]

In der mit 134 m Länge größten Feldsteinscheune Norddeutsch-

RÖBEL

> ## »Schwimmende Ferienwohnungen«
>
> **Auf dem Wasser den Bund fürs Leben schließen**
>
> Hausboote sind nichts anderes als schwimmende Ferienwohnungen. Sie sind einfach zu bedienen und dürfen neuerdings auch auf der Seenplatte ohne Führerschein und Vorkenntnisse gefahren werden. Die Boote sind komplett ausgestattet. Außer den kleinsten Bootstypen verfügen alle über eine Küche (die an Bord Pantry heißt) mit Herd, Gasbackofen, Kühlschrank, meist ist sogar ein Geschirrspüler vorhanden. Fließend heißes und kaltes Wasser sind wie auch WC und Dusche selbstverständlich. Ideal ist es, Fahrräder mitzunehmen, um vom ausgewählten Liegeplatz zu Landausflügen zu starten. Wer dagegen öfter vor Anker geht, der startet gern mit einem Beiboot oder Kanu. Kuhnle-Tours *(Tel. 0711/16 48 20, www.kuhnle-tours.de)* bietet sogar Heiraten auf dem Schiff an. 20 Hausboote der Kuhnle-Flotte wurden zu Teilzeit-Standesämtern erklärt, auf denen rechtskräftig getraut wird.

lands standen zu DDR-Zeiten 650 Rinder, heute ist das 3 km südlich von Röbel gelegene Bauwerk mit 9000 m² Fläche auf drei Etagen touristisches Dienstleistungs- und Veranstaltungszentrum. Unter dem Scheunendach befinden sich traditionelle Handwerker-Schauwerkstätten, Dorfschänke und Café. Im ==Bauernladen== (Insider Tipp) gibt es nur Mecklenburger Produkte. Mehrmals im Jahr findet um die Scheune ein Bauernmarkt mit Tausenden von Besuchern statt. *Auskunft: Tel. 039931/ 520 09, www.die-scheune.m-vp.de.* Im *Scheunenhotel* kann der Gast vor Ort schlafen *(28 Zi., 17207 Bollewick, Tel. 039931/580 70, Fax 580 71 11, €).*

Ludorf [113 F2]

Nicht nur in Mecklenburg-Vorpommern eine Seltenheit: die achteckige, 1346 geweihte Kirche 4 km östlich von Röbel. Das 1698 erbaute, völlig modernisierte Gutshaus öffnete als Hotel, die Küche erwarb sich in kurzer Zeit einen guten Ruf *(17 Zi., 17207 Ludorf, Tel. 039931/ 84 00, Fax 846 20, €€).*

Wredenhagen [113 E3]

Mäusebussard Fridolin stürzt sich auf Beuteattrappen, danach jagt Wanderfalke Hexe durch die Luft. Das Schauspiel wird im *Adler- und Falkenhof* geboten, der im historischen Ambiente der mehr als 700-jährigen Burg Wredenhagen zu ==Flugvorführungen== (Insider Tipp) einlädt. Zugang von der Ostseite der Burg, dort auch ein großer Parkplatz *(Besichtigungen Ostern bis Okt. tgl. 12–18 Uhr, Flugvorführungen Di–So 14.30 und 16.30 Uhr, die bei starkem Wind und Regen jedoch ausfallen müssen; www.mediatel.de/adlerfalken-hof).*

GROSS-SEENLANDSCHAFT

Nur 1,4 km sind es auf der Straße in Richtung Röbel bis zum 🏃 *Café Scheune (im Sommer Di, im Winter Di und Mi geschl., Tel. 039925/23 46, www.cafescheune.de)*. Keine große Küche, kein Chrom und Glas, dafür legere Atmosphäre, Möbel aus vergangenen Zeiten sowie ein abwechslungsreiches Kulturprogramm.

WAREN (MÜRITZ)

[107 F6] Die Stadt hat Tradition als Ferienort: Schon im 19. Jh. kamen viele angereist, unter ihnen Theodor Fontane. Was er 1896 notierte, könnte auch in unseren Tagen aufgeschrieben worden sein: »Die Luft ist wundervoll, und je nachdem der Wind steht, bin ich auf unserem Balkon von einer feuchten Seebrise oder von der Waldseite her von Tannenluft und -duft umfächelt.« Das terrassenförmig entstandene Waren (22 300 Ew.) bildet das touristische Zentrum der Großseenlandschaft und ist eins der Tore in den Müritz-Nationalpark. Über die Uferpromenade wehen die Brisen der Müritz, deren Wellen im Herbst oft Schaumkronen wie ein richtiges Meer tragen.

SEHENSWERTES

Kirchen
Wertvollstes Ausstattungsstück in der *Georgenkirche* am Georgenkirchplatz ist die 600 Jahre alte Kruzifixgruppe. Die *Marienkirche* in der Großen Burgstraße ist wegen des barocken Helms auf dem 54 m hohen ☀ Turm, der weite Blicke ins Land gestattet, nicht zu übersehen.

MUSEUM

Müritz-Museum
★ In 26 Becken mit insgesamt 26 000 Litern Wasser sind alle die Lebewesen zu bestaunen, die ansonsten nur Taucher zu sehen bekommen. *Mai–Sept. Di–Fr 9 bis 18 Uhr, Sa, So 10–12 und 14 bis 17 Uhr, Okt.–April Di–Fr bis 16 Uhr, Sa, So 10–12 und 14–16 Uhr, Friedensstr. 5*

ESSEN & TRINKEN

Altes Reusenhus
In der urigen Gaststätte werden Aal, Barsch und Forelle frisch aus der Müritz serviert. *Schulstr. 7, Tel. 039931/66 68 97, €€*

Kleines Meer
Die Küche in dem gleichnamigen Hotel gehört zu den besten der Region. *Alter Markt 7, Tel. 039991/64 80, €€€*

ÜBERNACHTEN

Jugendherberge
🏃 15 Min. vom Stadtzentrum an der Binnenmüritz. *58 Betten, 2 Familienbungalows. Auf dem Nesselberg, Tel./Fax 03991/66 76 06, €*

Ringhotel Villa Margarete
In einer Villenstraße am Waldrand, 200 m von der Müritz entfernt, erwartet Sie eine angenehme Atmosphäre. *31 Zi., Fontanestr. 11, Tel. 03991/62 50, Fax 62 51 00, €€*

Schloss Klink
Das den Loire-Schlössern nachempfundene Schloss Klink am Ufer der Müritz (8 km von Waren entfernt) wurde nach jahrelangem Leerstand

WAREN (MÜRITZ)

Die Warener Fußgängerzone

Hotel und befriedigt auch hohe Ansprüche *(30 Zi., €€€)*. Preisbewusste Gäste buchen eins der ebenfalls stilvoll eingerichteten 80 Zimmer in der Orangerie *(€€)*. Der Wellnessbereich ist römisch-griechischen Dampfbädern nachempfunden. Tennisplätze, Badmintonfelder und Bowlingbahnen gibt es in einer Halle; ein eigener Yachthafen befindet sich am Müritzufer. *17192 Klink, Tel. 03991/74 70, Fax 74 72 99*

FREIZEIT & SPORT

Das sportliche Zentrum der Stadt bildet der völlig modernisierte Hafen. Hier stehen *Hausboote* und *Kanus* zum Mieten bereit. Mehrmals tgl. verkehren von Mai bis Okt. *Fahrgastschiffe* zwischen Waren und Klink, Waren und Rechlin sowie Waren und Röbel.

AM ABEND

🏃 Der *Tanzpalast KKH Waren* wartet mit fünf Erlebnisbereichen auf vier Ebenen und zehn Bars auf. *Richard-Wossidlo-Str. 5, www.tanzpalast-waren.de*

Im 🏃 *Speicher No. 1*, einer Musikkneipe und Galerie, treffen sich Künstler und alle, die sich dafür halten. Vielseitiges Kulturprogramm *(Feldstr. 1)*.

AUSKUNFT

Waren-Information
Neuer Markt 21, 17192 Waren (Müritz), Tel. 03991/66 61 83, Fax 66 43 30, waren-tourist@t-online.de, www.waren-tourist.de

ZIELE IN DER UMGEBUNG

Ankershagen [114 B1]
Im 25 km östlich gelegenen Ankershagen sind Originalfunde aus Troja zu sehen! Weil der Archäologe Heinrich Schliemann einen Teil seiner Kindheit in Ankershagen verlebte, wurde das ehemalige Pfarrhaus zum Schliemann-Museum *(April–Okt. Di–So 10–17 Uhr, Nov. bis März Di–Fr 10–16, Sa 13 bis 16 Uhr)*. Neben dem Museum steht ein Trojanisches Pferd aus Holz mit einer Rutsche für die Kleinen.

Im nahen *Gutshaus Friedrichsfelde* ist in der Nationalpark-Information auf einem Bildschirm eine Storchenfamilie live zu beobachten. *Inside Tipp!* Neben ihrem Horst in Rumpshagen wurde eine Kamera installiert *(Mai–Okt. 10–17 Uhr, Tel. 039921/350 46)*.

GROSS-SEENLANDSCHAFT

Büdnerei Lehsten [108 B5]
Eine Kulturoase liegt in dem unscheinbaren Dorf Lehsten 15 km nordöstlich von Waren. In der alten hergerichteten Büdnerei (Bude wurde das Anwesen einer Kleinbauernfamilie genannt) wird vielseitige Kultur geboten – Ausstellungen ebenso wie Jazz- und Reggaekonzerte. Schmalzstullen, Salzgurken sowie selbst gebackene Kuchen stillen den Hunger. Wer länger bleiben möchte: Es gibt 7 Ferienwohnungen *(Friedrich-Griese-Str. 30–33, 17219 Lehsten, Tel. 039928/56 39, Fax 870 21, €).*

Müritz-Nationalpark [113 F1–2, 114 A–B 1–3]
★ Seeadler, Fischadler, Schwarzstorch und andere seltene Vögel lassen sich im Müritz-Nationalpark beobachten. Deshalb sollten Sie nicht vergessen, ein Fernglas mitzunehmen. In der zweiten Oktoberhälfte rasten mehrere tausend Kraniche in dem Gebiet.

Die Wanderwege haben eine Gesamtlänge von rund 400 km, das Radwegenetz ist fast 200 km lang. Das Nationalparkamt bietet verschiedene kostenlose naturkundliche Führungen an, die von einem Nationalparkranger geleitet werden, ferner gibt es fast ein Dutzend Informationsstellen. *Auskunft: Nationalparkamt Müritz, Tel. 039824/ 25 20, www.nationalpark-mueritz.de*

Wisentgehege Damerower Werder [107 E6]
Etwa 30 Wisente leben auf der Halbinsel Damerower Werder zwischen dem Jabelschen See und dem Kölpinsee. Die Stammeltern der zotteligen, bei uns selten gewordenen Tiere kamen 1957 aus dem polnischen Urwald Bialowieza. In einem der Schaugatter kann stets ein Teil der Herde von einer Tribüne aus beobachtet werden *(Fütterungen tgl. 10 und 15 Uhr, die Zufahrt zum 9 km von Waren entfernten Gehege ist ausgeschildert).*

Per Hausboot lässt sich die Seenplatte am besten erkunden

MECKLENBURGISCHE SCHWEIZ

Europas älteste Eichen inmitten verträumter Dörfer

Auf Alleen mit Buckelpflaster gemütlich das hügelige Land durchstreifen

Landschaften so schön wie früher« verkünden die Prospekte des regionalen Tourismusverbandes. Wer das bezweifelt, sollte auf den 96 m hohen Röthelberg bei Burg Schlitz steigen, von dem der Blick weit über das hügelige Land schweifen kann. Drei Seen hat die Mecklenburgische Schweiz vorzuweisen, tausendjährige Eichen in Ivenack und verträumte Dörfer, zu denen wie zu Fritz Reuters Zeiten kopfsteingepflasterte Alleen führen. An manchen Stellen wurde die Landschaft zum Naturpark erklärt, so zwischen Demmin, Teterow und Malchin, an anderen wurde Natur zu Parks gestaltet, in Basedow, Remplin und Burg Schlitz, wo 1811 der spätere Herzog Georg II. erstmals von der Mecklenburgischen Schweiz sprach. Leider vergaß er zu sagen, wo er sich den Anfang und wo das Ende vorstellte. Und so bleibt es jedem selbst überlassen, sich seine Schweiz in Mecklenburg abzustecken.

Die mächtigen Ivenacker Eichen gehören zu den Highlights der Region

Seeidyll: abendliche Angeltour

DARGUN

[108 A2] Das Städtchen (4000 Ew.) mit einem neogotischen Rathaus und einem rohrgedeckten niederdeutschen Hallenhaus am westlichen Ortsausgang ist rasch durchlaufen. An der Hauptstraße, die wiederholt Blicke auf den Haussee bietet, weist nahe der Kloster- und Schlossanlage ein Schild zur Personen- und Fahrradfähre *(nur Mai–Okt. tgl. 8–20 Uhr)* in das 6,5 km entfernte Aalpude. Dargun ist für viele Ausgangspunkt für eine Radwanderung um den nahen Kummerower See. Wer mit dem Aalpuder Fährboot übersetzt, weil hier keine Brücke über die Peene

Insider Tipp

führt, überschreitet eine Grenze, nämlich die von Mecklenburg nach Vorpommern.

SEHENSWERTES

Kloster- und Schlossanlage
Ein Großfeuer vernichtete 1945 das aus einem Kloster hervorgegangene Renaissanceschloss und die Klosterkirche, die selbst als Ruine beeindrucken. Im Mittelteil der Ruine wird eine Ausstellung zur Kloster- und Schlossgeschichte gezeigt. *Mai–Sept. Mo–Fr 10–18 Uhr, Sa, So 14–17 Uhr, Okt.–April Mo, Di, Do 10–12 und 13–16 Uhr, Mi, Fr 10–12, So 14–16 Uhr*

MUSEUM

Uns lütt Museum
Ein Museum zum Anfassen, in der Schmiede darf der Hammer geschwungen, in der Stellmacherei auf der alten Zugbank Holz bearbeitet werden. *April–Okt. Sa, So 13.30–16 Uhr, Kloster- und Schlossanlage*

ESSEN & TRINKEN/ÜBERNACHTEN

Hotel am Klostersee
Familiär geführtes Haus mit Restaurant, 26 Zimmern und 5 vor allem bei Familien beliebten Bungalows; Wohnmobilübernachtung auf dem Hotelgelände möglich. *Am Klosterdamm, Tel. 039959/25 20, Fax 252 28, €–€€*

AUSKUNFT

Stadtinformation
Kloster- und Schlossanlage, 17159 Dargun, Tel. 039959/223 81, Fax 213 89, Stadt.dargun@t-online.de, www.stadt-dargun.de

DEMMIN

[108 B1] Werden die Demminer nach der Lage ihrer Stadt (14 400 Ew.) gefragt, antworten sie gern: im »Dreistromland«. Das vorpommersche Demmin entstand an der Mündung von Tollense und Trebel in die Peene und war stets Grenzstadt zu Mecklenburg. Als einstige Hansestadt (1283–1607) kam Demmin zu Wohlstand, doch viel Historisches zu sehen ist nicht mehr. In den letzten Tagen des Zweiten Weltkrieges wurde das Zentrum der Altstadt zu 80 Prozent zerstört. Wieder aufgebaut wurde das Rathaus. An die großen Zeiten des Getreideumschlags erinnert am Peeneufer ein Speicherensemble. Demmin ist ein idealer Ausgangspunkt für Wanderungen und Ausflüge, z. B. Richtung Loitz oder Sarow.

SEHENSWERTES

Kirche St. Bartholomaei
Die Backsteinhalle ist 600 Jahre alt. Die reich gegliederte filigrane Turmspitze, die den 95,8 m hohen Westturm seit 1857 ziert, ist in ihrer Art einmalig in Mecklenburg-Vorpommern. *Schulstraße*

MUSEUM

Kreisheimatmuseum
Stadtgeschichte von den Anfängen bis zum 20. Jh. Im Möbelzimmer ist handwerkliches Können vom Barock bis zum Biedermeier zu bewundern. *Tgl. 10–17 Uhr, Am Hanseufer (im Speicher)*

MECKLENBURGISCHE SCHWEIZ

ESSEN & TRINKEN

Demminer Mühle
Die Achtständerturmwindmühle wurde nach ihrer Pensionierung Restaurant. Nach dem Essen können Sie sich als kostenlose Zugabe eine Mühlenführung bestellen. *An der Mühle 3, Tel. 03998/43 13 95,* €€

Zum Speicher
Das gemütliche Restaurant entstand im alten Speicher direkt an der Peene. *Am Hanseufer, Tel. 03998/433991,* €€

ÜBERNACHTEN

Am Stadtpark
Neubau in Zentrumslage, trotzdem ruhig. *16 Zi., Kirchhofstr., Tel. 03998/36 23 68, Fax 36 23 69,* €

Jugendherberge
 Im alten Stadttor in der City. *32 Betten, Rudolf-Breitscheid-Str., Tel./Fax 03998/22 33 88,* €

Trebeltal
Familienfreundliches Hotel am nördlichen Stadtrand mit Blick über das Trebeltal. *42 Zi., Klänhammerweg 3, Tel. 03998/25 10, Fax 25 12 51,* €€

FREIZEIT & SPORT

Freibad *(Mai–Sept., Nordsackgasse)*, Tennisplätze in der *Saarstraße* und im *Tennis & Squash Center (Klänhammerweg 3a)*. Im Sommer Rundfahrten auf dem Kummerower See.

AUSKUNFT

Stadtinformation
Am Bahnhof, 17109 Demmin, Tel./Fax 03998/22 50 77, demmin@t-online.de, www.demmin.de

ZIEL IN DER UMGEBUNG

Kummerower See [108 A2–3]
Der mit 32,6 km² viertgrößte See des Bundeslandes bekam von dem

MARCO POLO Highlights
»Mecklenburgische Schweiz«

★
 Wenn die Klingel ertönt, werden Sie mit dem Boot zur Gaststätte abgeholt (Seite 60)

★ Ivenack
Die tausendjährigen Eichen im Wildgehege gelten als die ältesten Europas (Seite 64)

★ Fritz-Reuter-Literaturmuseum
Wissenswertes über Mecklenburgs großen Nationaldichter (Seite 63)

★ Burg Schlitz
Ein Landschaftspark mit mehr als 40 Denkmalen und Steinsetzungen aus behauenen und rohen Findlingen (Seite 65)

MALCHIN

Sommerliches Kummerow: Landwirtschaft prägt die Ufergemeinden

verträumten Dorf Kummerow am Südostufer den Namen, zu dem ein Barockschloss mit Landschaftsgarten am See gehört. ☼ Von Verchen am Nordufer nach Gravelotte am Ostufer verläuft ein 3 km langer Naturlehrpfad, der zu den schönsten Wanderwegen dieser Region gehört. Markiert ist er mit einem gelben Schmetterling. Um den See führt ein 48 km langer Radweg.

aber nicht jenes ist, in dem 1916 zum letzten Mal der mecklenburgische Landtag zusammentrat. Das brannte nämlich 1925 ab. Der Nachfolgebau ist zwar ganz ansehnlich geworden, aber natürlich hat er keine Geschichte. Das Kalensche Tor im Norden und das Steintor im Süden, beide mit hübschen Spitzbogenblenden, markieren die Grenzen der Altstadt.

MALCHIN

[107 F3] In den letzten Tagen des Zweiten Weltkriegs wurden zwei Drittel der Innenstadt zerstört, die Wunden konnten seither nur an manchen Stellen geheilt werden. Malchin (9200 Ew.) blieb bis heute ein behäbiges Landstädtchen, in das die Urlauber der Umgebung zum Einkaufen fahren. Um keine falschen Vorstellungen aufkommen zu lassen: Die kleine Geschäftsstraße ist in höchstens 20 Min. durchlaufen. Sie beginnt beim Rathaus, das

SEHENSWERTES

Kirche

Für die Kleinstadt scheint die mächtige Backsteinbasilika St. Maria und St. Johannis etwas zu groß geraten. Die Innenausstattung gehört zu den besonders reichen im mittleren Mecklenburg.

ESSEN & TRINKEN

Moorbauer

★ Besonders für Kinder ein Erlebnis: Malchin wird hinter dem Bahnhof auf dem Piseder Damm verlas-

MECKLENBURGISCHE SCHWEIZ

sen, nach etwa 4 km weist rechter Hand in Gorschendorf ein Schild zum Moorbauern. Am Parkplatz hängt die Speisekarte (gutbürgerliche Küche), von dort sind es 100 m durchs Moor. Wo das Wasser den weiteren Weg versperrt, befindet sich eine Klingel. Wenn Sie diese drücken, kommt der Bauer mit seinem Boot und holt Sie ab. *Mo geschl., Tel. 03994/22 24 61, €€*

ÜBERNACHTEN

Jägerhof
Ruhige Lage im Stadtwald, am Morgen weckt Sie das Krähen von Hähnen. *18 Zi., Jägerhof 1, Tel. 03994/ 205 30, Fax 21 13 49, €*

AUSKUNFT

Stadtinformation
Markt 1, (in der Sakristei der St.-Johanniskirche), 17139 Malchin, Tel. 03994/64 01 11, Fax 64 03 33, stadt.malchin@t-online.de, www.malchin.de

ZIELE IN DER UMGEBUNG

Basedow [107 F4]
Sanft geschwungene Wege führen durch den gepflegten Schlosspark, der zu den bedeutenden Schöpfungen Peter Joseph Lennés gehört. Das Schloss, eine vom 16. bis 19. Jh. entstandene imposante Dreiflügelanlage, soll 2003 als Hotel die ersten Gäste empfangen. Gegenüber, im tgl. geöffneten *Alten Schafstall* bei Anette Gräfin Hahn von Burgsdorff, sind die Tische mit Leinentüchern eingedeckt, es gibt Eintopf und viele Mitbringsel zu kaufen, vom Honig über Töpferwaren bis zu derben Wollsachen *(Tel. 039957/204 54)*. In der Kirche ein Altaraufsatz aus Sandstein und Marmor. Die barocke Orgel von 1680 gehört zu den besonders klangvollen in der Region; die Konzerte hier sind ein Ohrenschmaus. Der 34 m hohe Funkpeilturm nahe der Ortseinfahrt darf als Aus-

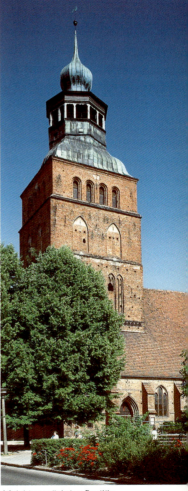

Malchins mächtige Basilika

STAVENHAGEN

sichtsturm bestiegen werden. Von Malchin sind es 10 km bis Basedow.

Remplin [107 F3]
Der barocke Schlosspark mit sieben Lindenalleen ist ein gartenbauliches Prunkstück. Das Schloss, 6 km von Malchin entfernt, gehörte zu Mecklenburgs Prachtbauten; es brannte bis auf den Nordflügel im April 1940 ab. Empfehlenswert: *Restaurant und Hotel Taegerhof* mit Reitpferden, Tennisplatz, Kutschfahrten *(15 Zi., Wendischhägener Str. 20, 17139 Remplin, Tel./Fax 03994/ 63 28 03, €€).*

STAVENHAGEN

[108 A4] Mecklenburgs Nationaldichter Fritz Reuter ist in der Stadt (8000 Ew.) allgegenwärtig. Nicht nur durch das Museum und das Denkmal. An den Häusern, in denen der Dichter Vorlagen für seine Personen fand, sind in Niederdeutsch Informationstafeln angebracht. Vom Markt führt eine Kastanienallee zum Barockschloss, das in Reuters plattdeutscher Erzählung »Ut de Franzosentid« der Hauptschauplatz ist. Auf einer Anhöhe am Ortsausgang der B 104 in Richtung Neubrandenburg steht die berühmte Reuter-Eiche. Der Überlieferung nach hat Reuter sie zur Erinnerung an seine Eltern gepflanzt. Aus ihrem Laub flocht man 1874 den Kranz, den eine Abordnung Stavenhagener Bürger dem gestorbenen Dichter in Eisenach auf den Sarg legte. Seit 1949 darf sich Stavenhagen offiziell Reuterstadt nennen.

Postkutschenreisen

Das Land auf neue und angenehme Art kennen lernen

Wie einst rollen wieder Postkutschen im Gebiet der Mecklenburgischen Seenplatte. Im 17. Jh. waren die ersten ständigen Kutschlinien eingerichtet worden, die Postillione, wie die Postkutscher hießen, waren angesehene Leute.
Reisen mit der Postkutsche waren aber abenteuerlich, Achsen- und Radbrüche an der Tagesordnung, Plünderungen und Raub nicht selten. Überfälle gibt es aber auch heute noch, nur simuliert. Ansonsten winken die Menschen freudig, wenn die nachgebaute Postkutsche aus dem Jahr 1806 mit den vier bis sechs vorgespannten Mecklenburger Warmblutpferden auftaucht.
Der Postillion trägt die Uniform der Schwerin-Gadebuscher-Postkutschenlinie von Großherzog Ferdinand Franz von Mecklenburg-Schwerin.
Auf acht Standardtouren lernen Gäste Naturschönheiten der Region sowie kulturelle Sehenswürdigkeiten kennen *(www.post kutschenreisen.de).*

MECKLENBURGISCHE SCHWEIZ

MUSEUM

Fritz-Reuter-Literaturmuseum
★ Im Rathaus kam Mecklenburgs Nationaldichter 1810 zur Welt. Der Vater war Bürgermeister, was den Geburtsort erklärt. Das gesamte Rathaus wurde Reuter-Literaturmuseum mit niederdeutscher Bibliothek. *Mo–Fr 9–17 Uhr, Do bis 20 Uhr, Sa, So 10–17 Uhr, Markt 1*

ESSEN & TRINKEN

Café am Markt
Mecklenburgische Spezialitäten sowie Wild- und Fischgerichte. *Malchiner Str. 9, Tel. 039954/222 41, €*

Uns Kauhstall
Beliebter Gasthof. *Dorfstr. 4, Ortsteil Kockow (Richtung Ivenack), Tel. 039954/210 48, €€*

Fritz Reuter in Bronze

ÜBERNACHTEN

Kutzbach
Mitten im Stadtzentrum, nur wenige Schritte vom Markt und dem Reuter-Museum entfernt. *15 Zi., Malchiner Str. 2, Tel. 039954/210 96, Fax 308 38, €€*

Pension Sötschnut
Kleines, nettes Haus. 5,5 km südlich von Stavenhagen an der B 194. *13 Zi., 17153 Jürgenstorf, Tel./Fax 039955/202 39, €*

Schlosshotel Kittendorf
Wohnen wie ein Schlossherr! Das klassizistische Bauwerk, an das sich ein von Lenné gestalteter Park anschließt, bietet stilvolles Ambiente. 9 km südlich von Stavenhagen an der B 194. *31 Zi., 17153 Kittendorf, Tel. 039955/500, Fax 501 40, €€–€€€*

AUSKUNFT

Touristen-Information
Schloss, 17153 Reuterstadt Stavenhagen, Tel. 039954/283 50, Fax 283 18, www.stavenhagen.de

ZIELE IN DER UMGEBUNG

Atelier Mittelhof [108 A5] *Insider Tipp*
In dem unscheinbaren, 10 km von Stavenhagen entfernten Dorf Mittelhof erwartet den Besucher ein *Museum für moderne Kunst* mit dem *Café latte* (italienisch-mecklenburgische Küche!) als Überraschung. An der Landstraße Stavenhagen–Waren ist ein Hinweisschild angebracht. Auskunft über Ausstellungen: *Tel. 039955/202 52*

TETEROW

Ivenack [108 B4]
★ Berühmt sind die tausend Jahre alten Eichen im Wildgehege. Sie gelten als die ältesten Europas. Fritz Reuter meinte, es sei ein »Baumwuchs, wie er in Deutschland nicht ein zweites Mal gefunden werden dürfte«. Der stärkste Baum hat eine Höhe von 35,5 m und einen Stammumfang von 10,99 m, mit 1200 Jahren ist der Riese älter als Mecklenburg, das 1995 seinen 1000. Geburtstag feierte. Die 140 Tiere des Damwildrudels sorgen für niedriges Unterholz *(Fütterung Mo–Fr 14 Uhr, Sa, So 10–11 Uhr)*. Die Zufahrt im 6 km von Stavenhagen entfernten Ort ist ausgeschildert, der Zutritt ständig möglich.

TETEROW

[107 E3] Die Altstadt erstreckt sich zwischen dem Rostocker Tor im Nordwesten und dem Malchiner Tor im Südosten, dazwischen liegt der rechteckige Marktplatz mit dem 1914 enthüllten Hechtbrunnen als Wahrzeichen. In bequem 20 Min. lässt sich das kreisrunde alte Teterow erkunden, immer die Ringstraße entlang, die dort verläuft, wo einst die Stadtmauer stand. Teterow ist ein Städtchen (11 300 Ew.), das man als Gast einfach lieb gewinnen muss, das aber wohl kaum einer kennen würde, gäbe es nicht das internationale Teterower Bergringrennen für Motorräder. Seit 1930 wird es zu Pfingsten auf Europas angeblich schönster Grasrennbahn (1877 m lang) ausgetragen. Ein empfehlenswertes Ausflugsziel ist der Schilfumgürtete Teterower See vor den Toren der Stadt.

MUSEUM

Stadtmuseum
Das Ergebnis der archäologischen Grabungen auf der Burgwallinsel ist im Modell zu sehen. Das Museum bekam sein Domizil im Malchiner Tor, das bis 1945 als Gefängnis diente, und in dem anschließenden Stadtschreiberhaus *Di–Fr 10–12, 13–17 Uhr, Sa, So 14–17 Uhr, Südliche Ringstr. 1*

ESSEN & TRINKEN

Gasthaus Stadtmühle
Gastronomisches Kleinod in der restaurierten Wassermühle. Indische, mexikanische und deutsche Küche. *Mühlenstr. 1, Tel. 03996/ 12 09 10, €€*

Sukhothai
Vier thailändische Gastronomen kochen und servieren originale Küche ihrer Heimat. *17166 Teschow (im Hotel Schloss Teschow, 3 km von Teterow entfernt), Tel. 03996/ 14 00, €€€*

ÜBERNACHTEN

Blücher
Neues, familiäres Haus. *17 Zi., Warener Str. 50-52, Tel. 03996/ 17 21 96, Fax 12 02 95, €*

Jugendherberge
🏃 50 m vom See, 115 Betten, 5 Familienzimmer. *Dez. und Jan. geschl., Am Seebahnhof 7, Tel./Fax 03996/17 26 68, €*

Golf- und Wellnesshotel Teschow
Schlafen in einem Schloss wie früher die Gräfin und der Graf, Gour-

MECKLENBURGISCHE SCHWEIZ

met- und Wellnessvergnügen, Golfplatz. *95 Zi. und Suiten, 17166 Teschow (3 km von Teterow entfernt), Tel. 03996/14 00, Fax 14 01 00, €€€*

AUSKUNFT

Tourist-Information
Mühlenstr. 1, 17166 Teterow, Tel. 03996/17 20 28, Fax 18 77 95, Tourist-Info@teterow.de, www.teterow.de

ZIELE IN DER UMGEBUNG

Burg Schlitz [107 E4]
★ Mehr als 40 Denkmale und Steinsetzungen aus behauenen und rohen Findlingen verstecken sich in dem 6 km² großen Landschaftspark von Burg Schlitz. Das klassizistische Schloss (1823) beherbergt ein First-Class-Hotel, in dem es meist mehr Personal als Gäste gibt. Um Profit geht es den Burgherren, der Baumarkt-Familie Stinnes, vermutlich auch nicht. Wer hier absteigt, soll verwöhnt werden, in den 20 Zimmern und von der Gourmetküche, serviert wird im Rittersaal (*17166 Hohen Demzin, Tel. 03996/127 00, Fax 12 70 70, €€€*).

Thünen-Museum Tellow [107 D2]
Für Familien mit Kindern ein beliebtes Ausflugsziel. *(www.thuenen-museum-tellow.m-vp.de).* Am Dorfteich schnattern Gänse; Schafe, Ziegen und Hühner laufen frei herum, auf Freiflächen stehen schon lange nicht mehr benutzte landwirtschaftliche Geräte. *Das Museum ist tgl. geöffnet (9–17 Uhr, Okt.–April bis 16 Uhr).* Kinder- und Jugendgruppen bietet das Museum preiswertes Übernachten auf dem Strohboden an. **Insider Tipp** Im Gasthof *Thünenstall* gibt es unter anderem schmackhafte Wildgerichte *(Mo geschl., Tel. 039976/503 95, €€).*

Mit der Fähre zur Burgwallinsel im Teterower See

Um den Tollensesee

Durch vier Tore zu sieben Bergen

Wiekhäuser, trutzige Burgen und Erinnerungsstätten bekannter Mecklenburger

Ein Bummel entlang der alten Stadtmauer Neubrandenburgs gehört zu den Höhepunkten, die die Stadt zu bieten hat. Während Mitte des 19. Jhs. die bedeutungslos gewordenen Stadtbefestigungen vielfach abgerissen wurden, beschloss der Neubrandenburger Stadtrat 1843, sie wieder herzustellen. Allerdings waren dafür nicht historische oder baukünstlerische Gesichtspunkte ausschlaggebend, sondern praktische: So konnte kontrolliert werden, wer in die Stadt kam. Noch jahrzehntelang wurden die Stadttore abends verschlossen, um unliebsame Besucher fern zu halten. Verlässt man die Stadt durch eins der vier herrlichen Backsteintore, breitet sich eine hügelige Landschaft aus, in der malerisch eingebettet der Tollensesee liegt. 10 km zieht er sich in Richtung Süden, von seinem Ufer bieten sich immer wieder neue Bilder: Angler, die auf Stegen hocken, Jollen, deren weiße Segel der Wind bläht, Rehe, die am Waldrand äsen. Von früher Besiedlung in dieser Gegend künden die Burgen von Penzlin und Stargard.

Das Treptower Tor in Neubrandenburg beherbergt ein Museum

Burg Stargard

[109 D6] Der Blick, der sich vom Bergfried der Burg bietet, überrascht in dem sonst so flachen Mecklenburg: Die zahlreichen Erhebungen mit bewaldeten Hängen erinnern an Ausläufer eines Mittelgebirges. Die Einwohner von Burg Stargard (4000 Ew.) vergleichen ihr Städtchen gern ein wenig großspurig mit Italiens Hauptstadt Rom: »Auch wir wurden auf sieben Hügeln erbaut.«

SEHENSWERTES

Burg
Mit 700 Jahren ist Mecklenburgs größte Burganlage das älteste weltliche Bauwerk des Bundeslandes. In den letzten Jahren wurde sie umfangreich restauriert. In den Marstall zog das Museum. Vom 37 m hohen Bergfried bietet sich ein schöner Ausblick auf das hügelige Land.

MUSEEN

Burgmuseum
Viel Interessantes über Handwerk und Ackerbau. *Mai–Sept. Di–So*

Neubrandenburg

10–17 Uhr, Okt.–April, Di–Do 10 bis 16 Uhr, Sa, So 13–16 Uhr

Marie-Hager-Haus
Im Wohn- und Arbeitshaus von Marie Hager (1872–1947), einer führenden Vertreterin der Stargarder Malerschule (1890–1920), sind Arbeiten der Künstlerin zu sehen. *Di–Fr 10–12, 14–16 Uhr, Sa, So 13–16 Uhr, Dewitzer Chaussee 17*

ESSEN & TRINKEN

Burggasthof Zur alten Münze
In dem historischen Gemäuer wird Erlebnisgastronomie geboten. *Tel. 039603/27 00, €€*

ÜBERNACHTEN

Country Line Hotel Bornmühle
Insider Tipp
In idyllischer Hanglage oberhalb des Tollensesees, 9 km von Burg Stargard entfernt. Das neue Haus mit Schwimmbad und einem Restaurant mit viel gelobter Küche stellt auch anspruchsvolle Gäste zufrieden. *62 Zi., 17094 Groß Nemerow, Tel. 039605/600, Fax 603 99, €€*

Jugendherberge
Am östlichen Stadtrand in einer Jugendstilvilla. *105 Betten, Dewitzer Chaussee 7, Tel. 039603/202 07, Fax 202 55, €*

Zur Burg
Modern-gemütliches Hotel in zentraler Lage. *24 Zi., Markt 10, Tel. 039603/26 50, Fax 265 55, €*

AUSKUNFT

Tourist-Information
Kurze Str. 3, 17094 Burg Stargard, Tel./Fax 039603/208 95, ti@burg-stargard.de, www.burg-stargard.de

Neubrandenburg

Karte in der hinteren Umschlagklappe
[109 D5] »Stadt der vier Tore« wird Neubrandenburg (76 000 Ew.) genannt, das die am besten erhaltene mittelalterliche Befestigung im Gebiet des Backsteinbaus vorweisen kann. Die vier Tore sind die Wahrzeichen der Stadt. Die Befestigung umgürtet den kreisrunden Stadtkern mit 700 m Durchmesser, in dem aber nur noch wenig Historisches steht, denn die Innenstadt wurde im Zweiten Weltkrieg fast vollständig zerstört. In den letzten Jahrzehnten wuchs die Stadt, in der Fritz Reuter seine schaffensreichste Zeit verbrachte, die Hügel hinauf.

SEHENSWERTES

Marienkirche
Eine der schönsten gotischen Backsteinkirchen Norddeutschlands, die 1298 geweihte St.-Marien-Kirche, wurde zu einem modernen Konzertsaal und Domizil der Neubrandenburger Philharmonie. *Stargarder Str., www.konzertkirche-nb.de* *Insider Tipp*

Modellpark Mecklenburgische Seenplatte
★ Etwa 80 historische Gebäude der Region sind in der 1,4 ha großen Parkanlage im Miniaturformat zu sehen. Zu jedem Modell sind im kleinen Informationszentrum auf dem Computer Informationen und der Anreiseweg zum Original abruf- und ausdruckbar. *April, Mai, Okt. tgl. 10–18 Uhr, Juni–Sept. 10 bis* *Insider Tipp*

Um den Tollensesee

20 Uhr, Wilhelm-Külz-Str. 38, www.modellpark.de

Mi und jeden 1. Sa im Monat 10–16 Uhr, Gartenstr. 6

Stadtbefestigung

★ Die 2,3 km lange Feldsteinmauer – Baubeginn um 1300 – hat meist noch die ursprüngliche Höhe von bis zu 7,5 m. Im Abstand von etwa 30 m waren 56 Kampfhäuser in die Mauer eingefügt, Wiekhäuser genannt. 32 davon wurden bisher rekonstruiert. Besonders sehenswert sind die vier im 14./15. Jh. errichteten Stadttore, das Friedländer, das Treptower, das Stargarder und das Neue Tor, mit ihrem reichen Fassadenschmuck und der zinnenbekrönte Fangelturm.

Kunstsammlung Neubrandenburg

Als eins von vier Kunstmuseen in Mecklenburg-Vorpommern haben sich die Kunstsammlungen einen guten Ruf erworben. Zu sehen ist zeitgenössische Kunst; der Umzug in das Barockhaus Große Wollweberstr. 24 ist vorgesehen. *So–Do 10–17 Uhr, Am Pferdemarkt 1*

Regionalmuseum

Informationen über die Ur- und Frühgeschichte im Treptower Tor. *Tgl. 10–17 Uhr, Treptower Str. 38*

MUSEEN

Brigitte-Reimann-Ausstellung

Im ehemaligen Wohnhaus von Brigitte Reimann (1933–1973) sind Dokumente, Möbel und persönliche Gegenstände zu sehen. Vor allem mit dem Fragment gebliebenen und posthum veröffentlichten Roman »Franziska Linkerhand«, den sie bereits schwer krebskrank schrieb, wurde sie zu einer sehr bekannten DDR-Schriftstellerin. *Di 10–18 Uhr,*

ESSEN & TRINKEN

Werderbruch

Fisch, regionale Gerichte. Man sitzt im gemütlichen Fischerstübchen oder im stilvollen Restaurant. *Lessingstr. 14, Tel. 0395/582 37 95,* €€

Wiekhaus 45

Leider hat dieses Restaurant in einem der alten Wiekhäuser viel zu wenig Platz. Deshalb ist Reservie-

---

Marco Polo Highlights »Um den Tollensesee«

★ **Neubrandenburgs Stadtbefestigung**
Eine wunderschön erhaltene, 2,3 km lange Feldsteinmauer aus dem Mittelalter mit vier herrlichen Backsteintoren und 32 Wiekhäusern (Seite 69)

★ **Penzliner Hexenkeller**
Grausame Erinnerung an das Mittelalter (Seite 71)

★ **Modellpark Seenplatte**
Zu Fuß durch das Zentrum des Bundeslandes (Seite 68)

NEUBRANDENBURG

Alle 30 m ein Wiekhaus: Neubrandenburgs Stadtmauer

rung empfehlenswert. *4. Ringstr. 44, Tel. 0395/566 77 62, €€*

ÜBERNACHTEN

Hotel am Ring
Gutes Preis-Leistungs-Verhältnis. Zentral am Rand der Altstadt. Sauna, Solarium. *180 Zi., Große Krauthöfer Str. 1, Tel. 0395/55 60, Fax 556 26 82, €€*

Radisson SAS Hotel Neubrandenburg
Modernisiertes Mittelklassehotel, zentral, in der Mitte der Altstadt gelegen mit 180 klimatisierten Zimmern. *Treptower Str. 1, Tel. 0395/558 60, Fax 558 66 25, €€€*

St. Georg
Familiäre Atmosphäre am Rand des Zentrums. Sauna, Solarium. *25 Zi., St. Georg 6 (an der Rostocker Str.), Tel. 0395/544 37 88, Fax 560 70 50, €*

FREIZEIT & SPORT

Die ==Wasserskiseilbahn== *(Reitbahnweg 90, www.wasserskiseilbahn.de)* ist von April bis Okt. tgl. von 10 Uhr bis Sonnenuntergang geöffnet. Im Sommer Schiffsrundfahrten auf dem Tollensesee *(Di–So)* und Bootsverleih am See. Wunderschön hergerichtet mit Strand, Liegewiese und Minigolf wurde das historische *Augustabad* am Ostufer.

Insider Tipp

AM ABEND

Wenn die Neubrandenburger Philharmonie spielt, sollten Sie sich den Kunstgenuss nicht entgehen lassen. Das Kammertheater spielt im restaurierten historischen Schauspielhaus in der *Pfaffenstraße 22.* In der *KulturDisco (Rostocker Str.)* finden Sie drei Diskotheken sowie ein Bistro. Treff für »Leute ab 20« ist die Disko *Alte Brauerei (Demminer Str.).*

Um den Tollensesee

AUSKUNFT

Stadtinformation
Turm-/Ecke Stargarder Str. (im Pavillon), Tel. 0395/194 33, Fax 566 76 61, vzn@neubrandenburg. de, www.neubrandenburg.de

ZIELE IN DER UMGEBUNG

Penzlin [108 C6]
Von der 600 Jahre alten Stadtbefestigung des 14 km südwestlich gelegenen Ortes (3000 Ew.), Feldsteinmauern und Wallanlagen, blieben große Teile erhalten. Vor allem südlich der Altstadt sind sie zu sehen. Zur Befestigung gehörte auch die im 13. Jh. erstmals erwähnte und in den letzten Jahren sorgfältig restaurierte *Alte Burg*.

★ Die Sehenswürdigkeit in der Burg ist der mittelalterliche *Hexenkeller*. Zu ihm gelangen Sie durch eine Falltür und über steile, enge Treppen. Der Hexenkeller soll die einzige historische Stätte dieser Art in Europa sein *(Mai–Okt Di–Fr 9–17, Sa, So 10–17 Uhr, Nov.–April Di, Mi 10–13, Sa, So 13–16 Uhr)*. Wer romantische Atmosphäre mag, setzt sich zum Essen und Trinken in das Restaurant *Hexenkeller* in der Burg *(Tel. 03961/211630, €€€)*.

Mit einer Büste vor der Kirche ehren die Penzliner den größten Sohn ihrer Stadt, Johann Heinrich Voß, der die »Märchen aus tausendundeiner Nacht« in Deutschland bekannt machte und Homers »Ilias« und »Odyssee« ins Deutsche übersetzte.

Ein Informationsbüro befindet sich in der *Große Str. 4, 17217 Penzlin, Tel. 03962/210064, Fax 255150, www.penzlin.de;* gemütlich übernachten können Sie im *Haus Erika, Mühlenstr. 2, Tel. 03962/22 11 00, Fax 221 10 18, €*

Slawendorf Passentin [108 C6]
Um einen Dorfteich gruppieren sich Häuser, die frühmittelalterlichen Holzbauten nachempfunden sind. Es gibt ein Backhaus, Spinn- und Weberhaus, Schmiede, Töpferofen und Kleintierstall. In der 9 km westlich von Penzlin entstandenen Anlage gibt es außerdem 42 Übernachtungsmöglichkeiten in sieben Häusern.

Im Aufbau befindet sich der mittelalterliche Lehr- und Erlebnisort am Rande des Dorfes Passentin. Er entsteht in der Nähe einer jugoslawischen Doppelburganlage, die Mitte des 14. Jhs. zerstört wurde. *(April–Okt. Do 8–16, Fr 8–11 Uhr, Tel. 03962/21 01 05)*

Die Marco Polo Bitte

Marco Polo war der erste Weltreisende. Er reiste in friedlicher Absicht, verband Ost und West. Er wollte die Welt entdecken, fremde Kulturen kennen lernen, nicht zerstören. Könnte er heute für uns Reisende nicht Vorbild sein? Aufgeschlossen und friedlich sollte unsere Haltung auf Reisen sein. Dazu gehören auch Respekt vor Mensch und Tier und die Bewahrung der Umwelt.

NEUSTRELITZ-FELDBERGER-SEEN

Meisterwerk der Natur aus Blau und Grün

Die ideale Landschaft zum Waldbeeren- und Pilzesuchen sowie für Schiffsrundfahrten auf klaren Gewässern

Über 300 Seen, viele davon klein wie ein Dorfteich, hält die Natur zwischen Mirow, Neustrelitz und Feldberg bereit. Manch ein See ist eine regelrechte Perle in der grünen Natur, allen voran der Schmale Luzin bei Feldberg mit seinen steilen, bewaldeten Ufern. Er ist einer der »Himmelsseen«, so genannt, weil kein Fluss die acht Feldberger Hauptseen mit Wasser speist, sondern nur Niederschlag. Der Schriftsteller Hans Fallada, der sich 1933 in diesem Meisterwerk der Natur niederließ, schwärmte: »Seen mit tiefstem klarstem Wasser, von einem bezaubernden Türkisgrün bis Azurblau.« Das Neustrelitz-Feldberger-Seengebiet ist eine ideale Landschaft für einsame Wanderungen. Beeren- und Pilzsammler bezeichnen die ausgedehnten Mischwälder als wahre Fundgruben. Wer nicht gern zu Fuß auf Entdeckungstour geht und auch nicht gern allein sein möchte, kann sich auf einem

Anlegen in der »Stadt der Seen und Wälder« – Lychen ist von drei Seen umgeben

Hier lebte Hans Fallada

Fahrgastschiff über den Zierker See, den Mirower See oder den Feldberger Haussee schaukeln lassen, drei der großen Seen im einstigen Land Mecklenburg-Strelitz.

FELDBERG

[115 E3] Keiner hat bislang Deutschlands großem Pathologen Rudolf Virchow widersprochen, der Feldberg (2800 Ew.) als »eine der schönst gelegenen Sommerfrischen Norddeutschlands« bezeichnete. Acht Seen umgeben Feldberg, teilweise drängen sie in das Stadtinnere. Der Schmale Luzin, der Lütten See, der Haussee und der Breite Lu-

FELDBERG

Auf diesen Seen findet jeder sein »Traumschiff«

zin, mit 59 m der tiefste See in Mecklenburg-Vorpommern, bilden die »Oberen Seen«, die Bäk verbindet sie mit dem tiefer liegenden Carwitzer See, dem Zansen, dem Wootzen und dem Dreetz. Als Perle gilt der Schmale Luzin, der sich 7 km lang durch eine Endmoräne zieht. Wunderschön ist der Blick auf diesen See vom Steilufer beim Parkplatz. 105 Stufen führen hinunter zum Ufer, von dem die Seilfähre ans andere Ufer übersetzt *(Mai, Sept., Okt. tgl. 10–17 Uhr, Juni–Aug. ab 9 Uhr, alle 30 Min.)*.

Vom Fährkahn aus lässt sich die Schönheit des Schmalen Luzin am besten genießen. Einen spannenden Blick auf Haussee und Feldberg mit dem Turm der Backsteinkirche haben Sie vom 145 m hohen Reiherberg nördlich des Städtchens.

»Heilige Hallen« wird der unter Naturschutz stehende größte zusammenhängende Buchenwald Deutschlands genannt, zu dem ein mit gelbem Kreuz markierter Wanderweg führt. Die Bäume sind über 300 Jahre alt und bis zu 45 m hoch.

ESSEN & TRINKEN

Mecklenburgisches Fischerstübchen
Aal, Hecht, Zander oder geräucherte Maräne: Was Fischer Asmuss aus den Feldberger Seen holt, wird serviert. *Amtswerder, Tel. 039831/ 208 76,* €

Original italienisches Eiscafé
Eiskreationen, die wohl jedem munden. *Fürstenberger Str. 1*

ÜBERNACHTEN

Altes Zollhaus
Reizvolles historisches, am Wasser liegendes Haus. Wer sich etwas Besonderes gönnen möchte, mietet die komfortable Turmsuite. Preiswert sind die Zimmer mit DDR-Charme

NEUSTRELITZ-FELDBERGER-SEEN

im benachbarten Gästehaus. *39 Zi., Am Erddamm 6, Tel. 039831/500, Fax 202 22, €*

Hullerbusch
Kleines, ruhig gelegenes Hotel mit Charme mitten im Landschaftsschutzgebiet. *10 Zi., Hullerbusch 1, Tel. 039831/20243, Fax 20866, €€*

Jugendherberge
★ Am nördlichen Stadtrand gelegen. *87 Zi., Straße der Jugend 14, Tel. 039831/205 20, Fax 221 78, €*

Seehotel Feldberg
Neues Haus mit Kegelbahn und Wellnessbereich. *53 Zi., Hinnenöver Str. 10, Tel. 039831/555, Fax 556 00, €*

Stieglitzenkrug
Ruhig gelegene Pension nahe dem Haussee. *Spezialität: Pute vom Spieß.* *4 Bungalows und 30 Zi., Klinkecken 7, Tel. 039831/203 75, Fax 203 74, €*

FREIZEIT & SPORT

Von Mai bis September werden täglich Seenrundfahrten (1,5 oder 2 Std.) durchgeführt. ★ Ein Erlebnis für Naturfreunde: im Ruder- oder Elektroboot die Ruhe auf dem schön gelegenen Schmalen Luzin genießen, www.luzin.de. Bootsverleih: *Michael Karzikowski (am Fähranleger, Zufahrt ausgeschildert).* Für Motorboote sind sämtliche Feldberger Seen gesperrt. Die Schwimmhalle im *Seehotel Feldberg* steht allen offen. Der *Wasserskiclub Luzin* gehört zu den besten und aktivsten im Osten Deutschlands, im Sommer finden regelmäßig Schauveranstaltungen statt; die Tribüne am Ufer des Breiten Luzin hat 2000 Sitzplätze.

AUSKUNFT

Touristinformation
Strelitzer Str. 42 (im Haus des Gastes), 17258 Feldberg, Tel. 039831/27 00, Fax 270 27, willkommen@feldberg.de, www.feldberg.de

---

MARCO POLO Highlights
»Neustrelitz-Feldberger-Seen«

★ **Feldberg**
Im Ruderboot auf dem Schmalen Luzin die Stille und Schönheit genießen (Seite 75)

★ **Hans-Fallada-Haus**
In Carwitz dem Autor von »Kleiner Mann – was nun?« ins Arbeitszimmer schauen (Seite 76)

★ **Lychen**
Auf dem Touristenfloß wie in früheren Zeiten über den Oberpfuhlsee (Seite 76)

★ **Schloss Rheinsberg**
Hier lebte Preußenkönig Friedrich der Große, als er noch Kronprinz war (Seite 78)

Mirow

ZIELE IN DER UMGEBUNG

Hans-Fallada-Haus [115 E3]
★ 1933 erwarb Rudolf Ditzen im 7 km von Feldberg entfernten Fischerdorf Carwitz ein Landhaus. Bekannt geworden ist Ditzen, der in 17 Jahren fast 20 Bücher schrieb, unter dem Pseudonym Hans Fallada. In dem Landhaus, das der Autor des Welterfolgs »Kleiner Mann – was nun?« bis 1944 bewohnte, wird über sein Leben und Wirken informiert. *(Mai–Sept. Di–So 10 bis 12 und 14–17 Uhr, Okt.–April Di–So 14–16 Uhr, www.fallada.de).* ↯ Herrlich ist der Blick auf den Schmalen Luzin.

Lychen [115 D4]
Bereits zum Bundesland Brandenburg gehört das 22 km von Feldberg entfernte Städtchen (3400 Ew.), das sich »Stadt der Seen und Wälder« nennt. Das ist ganz und gar nicht hochgestapelt, denn allein drei Seen umgeben die Altstadt. Unlängst erinnerte man sich an die jahrhundertealte Tradition der Flößerei und baute ein ★ *Touristenfloß,* auf dem bis zu 30 Personen Platz haben. Gestartet wird *April – Juni, Sept., Okt., Sa, So und Juli, Aug. Mi–So jew. 15 Uhr am Oberpfuhlsee (Fahrtdauer 1 Std.).*

Insider Tipp

Naturpark Feldberger Seenlandschaft [114–115 C–F 1–4]
Rund die Hälfte des 360 km² großen Parks ist von Wald bedeckt. In den typischen kleinen Kesselmooren wachsen verschiedene Orchideenarten. Besonders schön sind viele Hänge im April, wenn die Anemonen und Leberblümchen blühen. Charakteristischer Vogel des Naturparks ist der Fischadler. Die Naturparkverwaltung bietet Führungen, *Tel./Fax 039821/40202*

Wittenhagen [115 E3]
In der Kirche des 3 km von Feldberg entfernten Dorfs ist eine jährlich wechselnde Ausstellung mit Plastiken zeitgenössischer Künstler aus Mecklenburg-Vorpommern zu sehen *(Juni–Sept. Di–So 14–17 Uhr).* In der Gaststätte *Zum Schwalbennest* wird schmackhaft gekocht, und am Nachmittag gibt es selbst gebackenen Kuchen *(Tel. 039831/204 72, €).*

Mirow

[114 A4] Seit dem vorigen Jahrhundert dürfte sich in Mirow (4000 Ew.) nicht viel verändert haben – Straßen mit Buckelpflaster, niedrige Häuser, Pferdefuhrwerke … Warum aber haben sich hier schon im 13. Jh. Johanniter niedergelassen, warum wählten die Großherzöge von Mecklenburg-Strelitz den Ort zum Sommersitz? Weil die Landschaft um Mirow wunderschön ist. Die Stadt gilt als westliches Tor zum Kleinseengebiet, das sich bis Feldberg erstreckt.

Wer auf dem Müritz-Havel-Kanal zur Großseenlandschaft möchte, muss die Mirower Schleuse passieren. Die mit großen Hubtoren ausgerüstete Schleuse am westlichen Stadtrand zieht stets Schaulustige an.

SEHENSWERTES

Johanniterkirche
In der Gruft an der Nordseite des gotischen Backsteinbaus auf der

NEUSTRELITZ-FELDBERGER-SEEN

Schlossinsel fanden alle Mitglieder des Herrscherhauses Mecklenburg-Strelitz ihre letzte Ruhestätte. Mumifiziert liegt hier auch Herzog Adolf Friedrich IV. Durch eine Glasscheibe sind die Särge neuerdings zu betrachten. Von der Aussichtsplattform des 41 m hohen Turms haben Sie einen weiten Blick.

Liebesinsel
Eine vasengeschmückte Brücke führt von der Schlossinsel zur vorgelagerten Liebesinsel. Auf ihr ruht der letzte regierende Großherzog von Mecklenburg-Strelitz. Der damals 36-jährige Adolf Friedrich VI. hatte sich im Februar 1918 in Mirow das Leben genommen. Die Motive sind bis heute nicht geklärt: Spionage oder Liebesaffäre?

Schloss
Das Bauwerk strahlt wieder im alten Glanz, doch was darin entstehen soll, weiß bis heute niemand. Ins benachbarte Kavaliershaus soll ein Restaurant einziehen. Das nach einem Brand 1742 neu erstellte Bauwerk nutzte die Herzogsfamilie die letzten 200 Jahre nur selten.

In der Mirower Schleuse

lich von Mirow. Wer sich ein Haus mit Kamin, Garten plus Terrasse sowie eine eigene Sauna wünscht, bucht den Haustyp »Wildgänse«. *Dorfstr. 20, 17252 Granzow, Tel. 039833/601 00, Fax 601 10, €€–€€€*

ESSEN & TRINKEN

Strandrestaurant
Am Strandbad mit Blick auf den See. Frischer Fisch stets im Angebot. *Strandstr. 20, Tel. 039833/220 19, €€*

ÜBERNACHTEN

Ferienpark Mirow
180 Ferienhäuser im skandinavischen Stil von 50 bis 90 m² am See Granzower Möschen, 2 km nörd-

Heidekrug
Ruhige Lage, ein kleiner See, schöne Mischwälder – das Familienhotel 14 km südöstlich von Mirow mit Sauna, Solarium, Fitnessraum, Minigolf, Kinderspielplatz und Restaurant bietet (fast) alles für einen schönen Urlaub. *35 Zi., 17255 Grünplan, Tel. 039828/600, Fax 202 66, €€*

Jugendherberge
Direkt am Mirower See, mit Bademöglichkeit. *90 Betten, Retzower*

Mirow

Str., Tel. 039833/207 26, Fax 220 57, €

FREIZEIT & SPORT

Eine Fahrt (1 Std.) mit dem Oldtimer-Fahrgastschiff »Fritz Reuter«, der »Estrelle« oder der »Stadt Mirow« über den Mirower See gehört zum Muss in dem Städtchen. Abfahrt: Am Wallgraben (bei der Feuerwehr).

Am Mirower See gibt es ein beliebtes Strandbad. Boote vermietet: *Kanustation, An der Clön 1*

AUSKUNFT

Tourist-Information
Torhaus, 17252 Mirow, Tel./Fax 039833/280 22, tourist-info@web.de, mirow.m-vp.de

ZIELE IN DER UMGEBUNG

Großer Stechlinsee [116 B–C5]
Durch seinen letzten Roman »Der Stechlin« (1899) hat Theodor Fontane den im Brandenburgischen liegenden See – 55 km von Mirow entfernt – weithin bekannt gemacht. Er ist immer noch so schön wie zu Fontanes Zeiten, sein Wasser gilt als das sauberste weit und breit. Einmalig an warmen Sommertagen: In Neuglobsow am Ostufer ein Boot mieten, ans andere Ufer rudern, die Stille der Natur genießen und zum Erfrischen vom Boot ins Wasser springen. *Insider Tip*

Rheinsberg [114 B6]
★ Mit seiner Liebesgeschichte »Rheinsberg – Ein Bilderbuch für Verliebte« machte Kurt Tucholsky die märkische Kleinstadt (5000 Ew.), 38 km südlich von Mirow, zum Wallfahrtsort. Und das ist sie seit der Einheit Deutschlands wieder. Wie einst das Berliner Pärchen Claire und Wolfgang wollen die Gäste »eine Reihe leuchtender Tage« erleben. Im Schloss sind Räume aus der Zeit von Kronprinz Friedrich original erhalten, der 1740 als König Friedrich II. (der Große) den Thron bestieg, andere wurden von seinem Bruder Prinz Heinrich um-

»Dörchläuchting«

Ein Geizhals – literarisch verewigt von Fritz Reuter

Furore machte die Geschichte von Herzog Adolf Friedrich IV., »Dörchläuchting« genannt (plattdeutsche Verniedlichung von Durchlaucht), und der Neubrandenburger Bäckersfrau Schultz, der Mudder Schulten. Als der geizige und prunksüchtige Herzog seine 1766 und 1767 bezogenen Backwaren nicht bezahlte, hielt sie ihm bei einem Spaziergang resolut die Rechnung unter die Nase. Fritz Reuter schrieb darüber in seinem Roman »Dörchläuchting«. Mudder Schulten wird mit einem Brunnen in Neubrandenburg geehrt, Adolf Friedrich IV. liegt mumifiziert in der großherzoglichen Familiengruft in Mirow.

NEUSTRELITZ-FELDBERGER-SEEN

gebaut und erweitert. In einem Seitenflügel entstand die Kurt-Tucholsky-Gedenkstätte *(April – Okt. Di–So 9–17.30 Uhr, Nov.–Jan. 10–16, Feb., März 10–17 Uhr).* Ein Schmuckstück wurde das zum *Country Line Hotel Der Seehof* umgebaute Ackerbürgerhaus von 1750 in der Seestraße. Es hat ein Kaminrestaurant, einen Wintergarten, Innenhof und einen Weinladen im uralten Eiskeller. *(24 Zi., Seestr. 18, 16831 Rheinsberg, Tel. 033931/ 40 30, Fax 403 99, €€*

Wesenberg   **[114 B3]**
Um die 12 km von Mirow entfernte Kleinstadt (3400 Ew.) breitet sich eine ideale Landschaft zum Angeln, Baden, Segeln, Surfen aus. Der Bergfried der Burg bietet einen schönen Blick, die Heimatstube in der Burg viel Wissenswertes *(Juni–Aug. Di–So 10–18 Uhr, Sept. bis 17 Uhr, Okt. bis 16 Uhr, Nov. Mo–Fr 10–17 Uhr, Dez. bis 15 Uhr).* Das *Romantik Hotel Borchard's Rookhus am See* entstand direkt am Großen Labussee *(46 Zi., 17255 Wesenberg, Tel. 039832/ 500, Fax 501 00, €€€).* Das Kleinod hat mit dem Restaurant *Fürst Nikolaus (€€€)* eine Feinschmeckeroase.

NEUSTRELITZ

[114 B–C 2–3] Den Schlosspark gibt es noch, aber ohne Schloss. Das brannte 1945 aus und wurde bis 1950 abgetragen. Hier residierten die Herzöge von Mecklenburg-Strelitz, die ab 1733 das »neue Strelitz« als eine der letzten Barockstädte Europas anlegen ließen. Reichtum besaßen sie nicht, Prunkbauten hat Neustrelitz (23 000 Ew.) deshalb nicht zu bieten, aber dennoch eine Menge Sehenswertes. Dem Kunstinteresse der Herrscher ist der zahlreiche plastische Schmuck zu danken. Die Schlosskirche mit reichem filigranem Blenden- und Turmschmuck wurde in den letzten Jahren restauriert und zur Plastikengalerie. In der nahen Grünanlage stehen Denkmale für drei der Großherzöge. Wenn Sie durch den Schlosspark spazieren und die Useriner Straße überqueren, gelangen Sie zum Zierker See mit dem jüngst fertig gestellten erweiterten Stadthafen.

SEHENSWERTES

Marktplatz
Acht Straßen gehen sternförmig von diesem Platz ab. Das Rathaus hat eine durch Arkaden geöffnete Vorhalle. Ein stattlicher Bau ist die Stadtkirche. Deren Turm im toskanischen Stil wird von den Einheimischen kurioserweise Bodderfatt (Butterfass) genannt. Turmbesteigungen sind im Juli und August möglich *(Mo–Fr).*

Nationalpark Informationszentrum
Wissenswertes zum Müritz-Nationalpark. Zu sehen ist eine Ausstellung zum Thema »Landschaft im Wandel«. *Mai–Okt. tgl. 11–17 Uhr, Am Tiergarten*

Schlosspark
Der Park gehört zu den ganz besonders schönen Anlagen in Mecklenburg-Vorpommern. Die Hauptallee sieht noch barock aus. Die anderen Teile wurden im Stil eines englischen Landschaftsgartens um-

79

NEUSTRELITZ

gestaltet. Zu den Baudenkmalen gehören der Rundtempel mit einer Kopie der berühmten Hebestatue von Antonio Canova (die Berliner Nationalgalerie besitzt das Original), die nicht minder berühmte Orangerie und die Gedenkhalle für die preußische Königin Luise, die einem griechischen Tempel ähnelt.

Slawendorf Neustrelitz
Zu sehen ist, wie unsere Vorfahren gelebt und gewohnt haben; außerdem werden alte Handwerkstechniken vorgeführt. *April –Okt. Do–Di 10–18 Uhr, Am Zierker See*

Tiergarten
Auf die kleinen Besucher warten in dem großen Waldgelände toll ausgestattete Spielplätze. In den Streichelgehegen ist Füttern erwünscht. Insgesamt fast 500 Tiere in 70 Arten. *Mai, Sept., Okt. tgl. 9–18 Uhr, Juni bis Aug. bis 19 Uhr, Nov.–April 9 bis 16 Uhr*

MUSEUM

Stadtmuseum
Informationen über die Herrscher von Mecklenburg-Strelitz und die Stadtgeschichte. Aus der Blütezeit der Manufakturen stammt das für Mecklenburg typische grüne Waldglas. *Mai–Sept. Di–So 11–17 Uhr, Okt.–April Di–Fr 10–16 Uhr, So 14–17 Uhr, Schlossstr. 3*

ESSEN & TRINKEN

Blauer Kiesel
Mecklenburger Hausmannskost mit Blick auf den Glambecker See. Spezialität: Essen vom heißen Stein. *Adolf-Friedrich-Str. 11, Tel. 03981/ 20 53 63*, €€

Luisenstube
Wenn die Neustrelitzer mit ihren Gästen gut essen gehen wollen, wählen sie die Luisenstube. *Seestr. 8, Tel. 03981/20 73 90*, €€

ÜBERNACHTEN

Inselhotel Brückentinsee
Das kleine Hotel mit Restaurant, Café und Weinstube liegt völlig allein auf der 40 000 m² kleinen Insel im großen Brückentinsee (18 km südöstlich von Neustrelitz). Verbindung zum Land besteht über eine Brücke. Der See liegt im Naturschutzgebiet; Sauna, Badestelle, Liegewiese und Ruderbootverleih. Bis zum nächsten Dorf sind es 4 km. *10 Zi., 17237 Dabelow, Tel. 039825/ 202 47, Fax 202 40*, €€€

Kiefernheide
An Tagen mit schlechtem Wetter dürfte in diesem neuen Hotel keine Langeweile aufkommen, das dazugehörende Freizeitzentrum bietet u.a. Tennishalle und Kegelbahn. *52 Zi., Lessingstr. 70, Tel. 03981/ 47 70, Fax 47 72 99*, €€

Landhotel Prälank
In idyllischer Lage 5 km westlich der City. *19 Zi., Prälank 4, Tel. 03981/ 20 09 10, Fax 20 32 85*, €

Schlossgarten
24 im Biedermeierstil eingerichtete Zimmer versprechen angenehmen Aufenthalt. *Tiergartenstr. 15, Tel. 03981/245 00, Fax 24 50 50*, €€

AM ABEND

Das *Landestheater Mecklenburg* bietet Schauspiel, Oper, Operette, Ka-

NEUSTRELITZ-FELDBERGER-SEEN

Im Neustrelitzer Schlosspark: die Orangerie mit dem Roten Saal

barett. In der 🏃 *Alten Kachelofenfabrik* gibt es ein interessantes Filmprogramm, aber auch Rock, Lesungen und Ausstellungen *(Sandberg 3a, www.basiskulturfabrik.de)*.

AUSKUNFT

Stadtinformation
Markt 1, 17235 Neustrelitz, Tel. 03981/25 31 19, Fax 20 54 43, stadtinformation@neustrelitz.de, www.neustrelitz.de

ZIELE IN DER UMGEBUNG

Hohenzieritz [114 C1]
10 km nördlich liegt ein Wallfahrtsort für Verehrer der Preußenkönigin Luise. Während eines Besuchs bei ihrem Vater, Herzog Carl, war die schöne und kluge Luise 1810 im Hohenzieritzer Barockschloss gestorben. Das Schloss, zu dem ein weiträumiger Landschaftspark gehört, wurde unlängst restauriert. Im Erdgeschoss entstand eine Luise-Gedenkstätte *(Di–Fr 10–12 und 14–15, Sa, So 14–17 Uhr)*.
Im benachbarten, am Ufer der Lieps gelegenen *Prillwitz* erinnert ein Herrenhaus in einem Park an Herzog Carl. Am See Lieps lassen sich verschiedene Vögel u. a. Kormorane beobachten.

Fürstenberg [114 C4–5]
Das »Tor zur Mecklenburger Seenplatte« für jene, die aus dem Süden anreisen. Seit 1950 gehört die 18 km von Neustrelitz gelegene Stadt (4800 Ew.) an der Havel zu Brandenburg. Auf dem Gelände des ehemaligen größten Frauenkonzentrationslagers der NS-Zeit, in dem mehr als 92 000 Frauen und Kinder ums Leben kamen, entstand die *Mahn- und Gedenkstätte Ravensbrück (Di–So 9–17 Uhr)*. In der ehemaligen Kommandantur des Lagers gibt es ein *Museum zum antifaschistischen Widerstand*.

AUSFLÜGE & TOURON

Reuterstätten und Schlösser

Die Touren sind in der Karte auf dem hinteren Umschlag und im Reiseatlas ab Seite 104 grün markiert

1 AUF DEN SPUREN VON MECKLENBURGS NATIONALDICHTER

Fritz Reuter gilt als Mecklenburgs Nationaldichter. Hier wurde er geboren, hier lebte er, hier fand er die Figuren für seine Werke. Reuter machte Mecklenburg zum Thema seiner Bücher, und viele Touristen machen ihn zum Thema ihrer Reise. Die knapp 100 km lange Tagestour führt zu Reuterstätten, die meist abseits der Touristenstraßen liegen.

Im ehemaligen Rathaus von *Stavenhagen (S. 62)* ist Fritz Reuter zur Welt gekommen. Seine Eltern wohnten hier, der Vater war Bürgermeister. Das Rathaus wurde zum Fritz-Reuter-Literaturmuseum, in dem viele Informationen für diese Tour zu haben sind. Schauen Sie sich nach dem Museumsrundgang das Denkmal vor dem Rathaus an: So sah er also aus, Mecklenburgs Nationaldichter! Einst war er wegen versuchten Hochverrats und Majestätsbeleidigung zum Tode verurteilt worden, doch bereits zu Beginn des 20. Jhs. war Reuter so berühmt, dass zur Denkmalsenthüllung 1911 sogar der Großherzog von Schwerin angereist kam.

In Stavenhagen »reutert« es an allen Ecken und Enden: Reuterplatz, Reuterstraße, Reuterapotheke ... Schilder zeigen, wo Reuters Figuren wohnten, denn die meisten hat er dem wirklichen Leben entnommen. Auch den Onkel Herse aus der Erzählung »Meine Vaterstadt Stavenhagen« gab es wirklich. Onkel Herse, der im Haus Markt 4 wenige Schritte vom Rathaus entfernt wohnte, »wusste alles, konnte alles ...«, auch flunkern. So erzählte er dem kleinen Fritz von einem »unterirdischen Gang« zwischen Stavenhagen und *Ivenack (S. 64)*, dem nächsten Ziel dieser Tour. Einen unterirdischen Gang gibt es nicht, aber alles, wovon Reuter schwärmte, ist in Ivenack noch vorhanden, das Damwild, die tausendjährigen Eichen sowie der »Baumwuchs, wie er in Deutschland nicht ein zweites Mal gefunden werden dürfte«.

Von Ivenack fahren Sie nach Stavenhagen und 6 km weiter durch *Scharpzow*, wo Reuter im

In diesem Fall bilden Kastanien eine der landestypischen Alleen

schlichten Gutshaus mit Hoffmann von Fallersleben und anderen Oppositionellen mehrfach diskutierte. Weiter geht es nach *Demzin*, einem der zahlreichen Dörfer in dieser Region, in denen es scheint, als habe die schnellebige Zeit den Atem angehalten. So, wie der Besucher den Ort heutzutage vorfindet, muss er schon zu Reuters Zeiten gewesen sein: sandige Wege, schnatternde Enten und Gänse am Dorfteich und etwas abseits die schlichten Häuser der damaligen Tagelöhner, in denen sich Reuter oft und gern aufhielt. Gewohnt hat der Dichter von Ostern 1842 bis Weihnachten 1845 im backsteinernen Gutshaus, auf das ein Hinweisschild aufmerksam macht. Hier lernte er die Zwillinge Wilhelmine und Helene des Pächters Rust kennen, sein »Twäschenpoor« aus der »Stromtid«, Mining und Lining.

Sie fahren durch Faulenrost und kommen nach *Rittermannshagen*. Hier sah der Dichter erstmals seine spätere Frau Luise, die Erzieherin im Hause des Pastors war. Reuter musste hartnäckig und geduldig um die sieben Jahre jüngere Frau werben, bis sich die beiden im Mai 1847 verlobten. Die Verlobung soll angeblich im westlichen Giebelstübchen des Pfarrhauses stattgefunden haben, das abseits der Straße versteckt im Grünen liegt.

Die Spuren von Mecklenburgs Nationaldichter führen weiter durch *Waren (S. 53)* nach *Jabel*. In diesem Dorf hat sich Fritz Reuter gern aufgehalten, denn sein Onkel Ernst Friedrich war hier Pastor. In Jabel fand Fritz Reuter gute Freunde, so Förster Wilhelm Schlange, der in der Lindenstraße 6a (dem heutigen Forstamtshaus) sein Zuhause hatte, und Küster Heinrich Suhr, der in der Ringstraße 8 wohnte. Der Förster erhielt von Reuter den Namen Slang und kommt in »Ut mine Stromtid« sowie in »Läu-

In Waren ankern die Hausboote vor den Toren der Altstadt

AUSFLÜGE & TOUREN

schen un Rimels« vor, Küster Suhr taucht in mehreren Werken Reuters auf. Das Haus von Förster Schlange und auch das Pfarrhaus hatte ein Großbrand 1859 vernichtet. Reuter, der 1841 letztmalig in Jabel weilte, hat sie also nicht kennen gelernt. Dagegen aber die mächtige Eibe vor dem Pfarrhaus, die zu den ältesten von Mecklenburg-Vorpommern gehört. Neben dem knorrigen Stamm saßen sie oft, Fritz Reuter und Pastor Ernst Friedrich Reuter, Küster Suhr und Förster Schlange.

Auf der B 192 und dann auf der B 194 geht es nach *Jürgenstorf,* wo dem Allerweltskerl Unkel Bräsig Reverenz erwiesen werden kann, dem liebenswerten, kauzigen Mann aus der »Stromtid«. Auf dem Friedhof, an der Mauer zur B 194, liegt er begraben. Am verwitterten Steinkreuz, vom vielen Grün fast verdeckt, lässt sich nichts mehr entziffern. Deshalb wurde unlängst eine Tafel angebracht, die informiert, dass hier der 1848 verstorbene Gutsinspektor J. F. Schecker begraben liegt, den Reuter als Vorbild für seinen Unkel Bräsig wählte.

Den Abschluss der Tour bildet *Neubrandenburg (S. 68).* In der Stadt verbrachte Reuter seine sieben schaffensreichsten Jahre; hier wurde das erste Denkmal ihm zu Ehren in Mecklenburg errichtet. Im Stadtpark, nahe dem Bahnhof, sitzt sein Abbild seit 1893 auf einem Granitsockel. Gegenüber steht der Mudder-Schulten-Brunnen, der an eine Szene aus Reuters »Dörchläuchting« erinnert: die Auseinandersetzung zwischen der Bäckersfrau Mutter Schulz und Herzog Adolf Friedrich, genannt Dörchläuchting, der zwar fleißig Brot einkaufen ließ, aber das Bezahlen vergaß. Von den vier Wohnungen der Reuters in der Tollenseseestadt blieb nur die in der Stargarder Straße 35 erhalten. 1863 verließ Reuter Mecklenburg für immer, um ins thüringische Eisenach überzusiedeln. Am Abend vor der Abreise, als ihn in Neubrandenburg Hunderte mit einem Fackelzug ehrten, sagte Reuter ergriffen, er werde die Stadt »mit ihren reinlichen Straßen, mit ihrer schönen Kirche, wie ihrem grünen Eichenkranz, dem hellblauen Spiegel ihres Sees, ihrem Buchenlaub« niemals vergessen.

2 SCHLÖSSER UND HERRENHÄUSER

Mecklenburg war das Land der großen Rittergüter. Den Mittelpunkt der Gutsanlagen bildeten phantasievoll und oftmals aufwändig erbaute Herrenhäuser, die Reichtum und Macht demonstrieren sollten. Deshalb werden sie vielfach als Schloss bezeichnet. Durch die Bodenreform 1945 wurden die Güter aufgelöst, die Besitzer vertrieben, die Bauwerke verkamen meist. Zu einigen der Schlösser und Herrenhäuser führt diese Tagestour, die eine Länge von etwa 130 km hat.

Die Reise beginnt in *Güstrow (S. 37)* nicht nur, weil hier das größte erhalten gebliebene Renaissanceschloss Mecklenburgs steht, sondern auch, weil dieses Schloss mehr als alle anderen ein steinernes Zeugnis der gesellschaftlichen Entwicklung ist: Als herzögliche Residenz erlebte es rauschende Feste und Gelage, im Dreißigjährigen Krieg residierte hier eine Zeit lang der berühmte Wallenstein, danach

Der Nymphenbrunnen im Park von Burg Schlitz

war es als Landarbeiterhaus eine Art Gefängnis für leichte Fälle. In der Nazizeit wurden hier Antifaschisten und jüdische Bürger gefoltert. Nach 1945 bot das Gebäude Umsiedlern und Vertriebenen Unterkunft; in jedem Raum hauste eine Familie. Bereits zu DDR-Zeiten wurde Schloss Güstrow Museum.

Auf der B 104 fahren Sie nach *Vietgest* mit dem letzten barocken Schlossbau Mecklenburgs. Vor der Weiterfahrt lädt der Schlosspark zu einem kurzen Spaziergang ein. Kleine Hügel erinnern an eine Mittelgebirgslandschaft, in der Ferne ziehen die hier noch häufig anzutreffenden Fischadler ihre Kreise, am Straßenrand leuchten Mohnblumen. Hinter *Teterow (S. 64)*, geht es auf der B 108 nach *Burg Schlitz (S. 65)* mit Mecklenburgs schönstem klassizistischen Schloss, das ein Nobelhotel beherbergt. Eine Augenweide ist der einst für das Berliner Kaufhaus Wertheim gefertigte Nymphenbrunnen, der seit 1903 vor dem Schloss plätschert.

Die B 108 führt weiter zur *Müritz,* dem Meer Mecklenburgs, das sich zu jeder Jahreszeit anders zeigt: meergrün im April, wenn die Störche eintreffen, tiefblau im Oktober, wenn die Kraniche am sumpfigen Ostufer einfallen und ihre trompetenden Rufe über das Wasser schicken. 1898 lud die Familie von Schnitzler in *Klink* zur Eröffnungsfeier ihres Schlosses, das sie sich im Stil der Loire-Schlösser des 16. Jhs. direkt am Seeufer hatte bauen lassen. Genau 100 Jahre später knallten erneut die Sektkorken, gab es wieder eine Eröffnungsfeier: Schloss Klink öffnete nach jahrelangem Leerstand und umfassender Sanierung als schickes Hotel (S. 53).

Die Schlosschronik von *Klein Plasten* verzeichnet rund ein Dutzend Besitzer in etwa 200 Jahren. Jeder von ihnen hatte ein anderes Repräsentationsbedürfnis, deshalb musste das Bauwerk viele Veränderungen über sich ergehen lassen. Der achtseitige Eckturm beispielsweise wurde erst 1899 angebaut. Nach der Einheit erwarb die Akademie Norddeutscher Genossenschaften das Schloss; sie respektierte die Historie und ließ die bauliche Hülle unangetastet. Schloss Klein Plasten wurde zu einem Kleinod in der herben Landschaft – so schön wie heute sah es wahrscheinlich noch nie aus.

Kastanien und Linden mit weit ausladenden Kronen, die im Sommer einen grünen Tunnel bilden, führen nach *Ankershagen (S. 54)*. Am Heinrich-Schliemann-Museum vorbei, dem ehemaligen Pfarrhaus, erreichen Sie das Renaissanceschloss aus dem 16. Jh. Saftige Wie-

AUSFLÜGE & TOUREN

sen, auf denen Störche und Kraniche stolzieren, säumen den Weg nach *Groß Vielen* mit einem etwa 100 Jahre alten Herrenhaus, das seit Jahren leer steht und dessen künftige Nutzung ungewiss ist.

Hohenzieritz (S. 81), eingebettet in die hügelige Landschaft des Tollensebeckens, ist eng mit der legendären preußischen Königin Luise verbunden. In dem schlichten Barockschloss am Dorfrand starb Luise am 19. Juli 1810 während eines Besuchs bei ihrem Vater. Einen Tag zuvor hatte ihren Mann Friedrich Wilhelm III. im Potsdamer Schloss Sanssouci die Nachricht erreicht, die Königin leide an Atemnot, habe schwere Erstickungsangst, und es stehe schlimm um sie. Mit seinen beiden ältesten Söhnen eilte der König nach Hohenzieritz, morgens gegen fünf Uhr hielten die Kutschen vor dem Schloss, ein letztes Mal konnte Friedrich Wilhelm III. seine Luise in die Arme nehmen. Zum Gedenken an die Königin entstand nahe beim Schloss der Luisentempel. Die Marmorbüste der Königin kam vor dem Zweiten Weltkrieg in die Hohenzieritzer Kirche, dort überstand sie die DDR-Jahre. Doch kurz nach der Einheit Deutschlands verschwand sie über Nacht, alle Nachforschungen blieben bis heute ergebnislos.

Einen Luisentempel errichtete man auch im Schlosspark von *Neustrelitz (S. 79)*, der Residenz der Herzogsfamilie Mecklenburg-Strelitz. Im Inneren steht eine Nachbildung des Sarkophags von Luise, die nur 34 Jahre alt geworden war.

Fast schon ein kleines Schloss: das Neustrelitzer Rathaus

SPORT & AKTIVITÄTEN

Angeln, Paddeln und Radeln

Vor allem am und auf dem Wasser, aber auch zu Land gibt es zahlreiche Angebote für aktive Betätigung

Die Mecklenburgische Seenplatte ist Angelrevier, Radler-, Wander- und Wassersportregion par excellence. Naturfreunde kommen voll auf ihre Kosten, niemand muss es langweilig werden. Vor allem in der warmen Jahreszeit sind die Angebote vielfältig. Die Touristinformationen informieren über Details.

ANGELN

Die Seenplatte ist ein Paradies für Angler. Vor allem Hechte, Aale, Karpfen, Zander und Schleie werden gefangen. Gut beraten ist, wer die einheimischen Angler beobachtet und die Fischermeister nach den Angelstellen und Wassertiefen fragt. Geeignete Köder gibt es beim Fischermeister oder in den Angelfachgeschäften.

BADEN

Die Seen laden nur an warmen Sommertagen zum Baden ein. Für alle, denen das Wasser dort zu kalt ist, vor allem aber auch, um den Gästen in der kühlen Jahreszeit Badespaß zu ermöglichen, haben sich etliche Hotels Schwimmbäder zugelegt. Gegen Gebühr stehen sie meist auch Nichthotelgästen offen. In der Region laden auch drei tgl. geöffnete Erlebnisbäder ein, die neben Schwimmbecken noch Saunen, Whirlpools, Strömungskanal und vieles mehr bieten: *Oase, Plauer Chaussee 7, 18273 Güstrow, Tel. 0384/855 80, www.oase-guestrow.de; Müritz-Therme, Am Gotthunskamp 14, 17207 Röbel, Tel. 039931/514 90, www.mueritz.de/therme; Fleesensee SPA, 17213 Göhren-Lebbin, Tel. 039932/805 00, Fax 805 15*

GOLF

Ein 18-Loch-Meisterschaftskurs, ein 9-Loch-Kurzplatz zum Üben für Einsteiger sowie ein Golfodrom mit zwölf verschiedenen Übungsstationen, darunter acht überdachten Abschlagplätzen, sind am Golf- und Sporthotel Schloss Teschow vorhanden. *Golf- und Wellnesshotel Schloss Teschow, 17166 Teschow, Tel. 03996/14 00, www.schloss-teschow.de.*

In der Ferienanlage Fleesensee befinden sich der Schloss Course

Die Seenplatte bietet Surfern einige interessante Reviere

sowie der West Course, beide Plätze haben 18 Löcher. Die hat auch der Public Golf, die erste öffentliche Golfanlage in Mecklenburg-Vorpommern. Ebenfalls öffentlich sind der Fun Golf und der Short Course. Die Golf Academy mit zwei 9-Loch-Plätzen ist für Anfänger da. Das Golfodrom mit 400 m Durchmesser und einem Umfang von 1,2 km verfügt, als Herz der Golfanlagen, über 80 überdachte sowie 200 offene Abschlagplätze. *Golf- und Country Club Fleesensee, 17213 Göhren-Lebbin, Tel. 039932/804 00, www.golfclub-fleesensee.de.*

HAUSBOOTE

Hausboot-Ferien sind neuerdings auch in Mecklenburg-Vorpommern ohne amtlichen Sportbootführerschein auf den bedeutendsten Wasserstraßen möglich. Pflicht ist jedoch eine dreistündige Einweisung in Theorie und Praxis durch den Bootsvermieter, der einen Charterschein nur für dieses Boot und diese Fahrt ausstellt. Die Boote dürfen nicht länger als 13 m sein, nicht schneller als 12 km/h fahren und mit nicht mehr als zehn Personen besetzt sein. Hausboote sind schwimmende Ferienwohnungen mit großem Balkon, sprich dem Deck. *Kuhnle-Tours, Boekerstr. 1, 17248 Rechlin, Tel. 039823/266 66, www.kuhnle-tours.de*

PADDELN & RUDERN

Boote der verschiedensten Art stehen in zahlreichen Ferienorten zum Mieten bereit. Mehrere Unternehmen bieten geführte Kanutouren an, zu denen oft auch Personen- und Bootstransfer gehören. Naturkundliche Kanutouren, die etwa 4 Stunden dauern, führt die *Kanustation Granzow, 17252 Granzow, Tel. 039833/218 00* durch. Die Tour findet in einem großen, stabilen Mannschaftskanu statt. Wer dagegen die romantische Fackelfahrt, Beginn 21 Uhr, bucht, muss in Kanadier steigen. Dazu werden Vorkenntnisse verlangt.

Durch den Müritz-Nationalpark führen zwei Gewässerstrecken, die sich gut für das Wasserwandern eignen: die Route eins auf der Havel zwischen Kratzeburg und Useriner See; die zweite Route führt über die »Alte Fahrt« von der Müritz über den Bolter Kanal, den Woterfitzsee und den Carpsee in die Mirower-Leppiner Seenkette. Auskunft beim *Nationalpark-Infozentrum Neustrelitz, Am Tiergarten, Tel. 03981/20 32 84, Mai–Okt. tgl. 10–17 Uhr.*

»Vierer mit« beim Training

SPORT & AKTIVITÄTEN

Die Saison geht von Anfang April bis Ende Oktober.

RADFAHREN

Das flache Land ist bei Radlern beliebt. Das Radwegenetz wurde in jüngster Zeit stark ausgebaut, Fernradwege stellen die Verbindung zu anderen Regionen her. So führt der 614 km lange Seen-Radweg von Lüneburg nach Wolgast durch das Mecklenburgische Seengebiet. Rund 190 km lang sind die Radwege im Müritz-Nationalpark. Fahrräder stehen in fast allen Ferienorten zum Mieten bereit, auch viele Hotels haben welche für ihre Gäste. Komfort-Radwandertouren mit Gepäckservice: *Die Mecklenburger Radtour, Zunftstr. 4, 18437 Stralsund, Tel. 03831/28 02 20, www.mecklenburgerradtour.de*

REITEN

In der endlos erscheinenden Wald- und Wiesenlandschaft Ausritte zu unternehmen, fasziniert Pferdefreunde. In den letzten Jahren sind viele modern ausgestattete Reiterhöfe entstanden, meist haben sie auch Boxen für Gastpferde. In zahlreichen Ferienorten sind auch Kutschen und Kremser für Ausfahrten zu mieten. Auskunft: *Arbeitsgemeinschaft für Urlaub und Freizeit auf dem Lande, Griebnitzer Weg 1, 18196 Dummerstorf, Tel. 038208/606 72, www. landurlaub.mvp.de, www.reitanlage-fleesensee.de*

WANDERN

Für Untrainierte wohl eins der besten Wandergebiete, lediglich in der Mecklenburgischen Schweiz gibt es einige Erhöhungen. Die Einheimischen sagen »Berge« dazu, doch davon sollten Sie sich nicht irritieren lassen, denn sie erreichen nur selten 100 m, stellen also keine sportliche Herausforderung dar. Zahlreiche Touristinformationen bieten organisierte Wanderungen an. Das Wanderwegenetz im Müritz-Nationalpark ist fast 400 km lang. Besonders erlebnisreich sind ==Wanderungen mit einem Nationalparkranger.== [Insider Tipp] *Naturpark Nossentiner-Schwinzer Heide, 19395 Karow, Tel. 038738/738 40; Naturpark Mecklenburgische Schweiz und Kummerower See, Schlossplatz 6, 17139 Remplin, Tel. 03994/21 06 03; Naturpark Feldberger Seenlandschaft, 17237 Serrahn, Tel. 039821/402 02; Nationalpark Müritz, Schloss, 17237 Hohenzieritz, Tel. 039824/25 20, www.nationalpark-mueritz.de*

WASSERSKI & SURFEN

In Feldberg befindet sich das Wasserski-Zentrum von Mecklenburg-Vorpommern. Surfschulen sind mehrere vorhanden, nicht nur für Anfänger, Fortgeschrittene können Aufbaulehrgänge besuchen. Etwas Besonderes bietet Neubrandenburg auf dem Reitbahnsee: eine ==Wasserski-Seilbahn.== [Insider Tipp] Das beim herkömmlichen Wasserski übliche Boot fällt weg, dafür zieht ein maschinell betriebenes Seil von einer Rampe aus die Sportler auf rund 800 m mit etwa 30 km/h übers Wasser, später dann doppelt so schnell. *Wasserski Neubrandenburg, Reitbahnweg 90, 17034 Neubrandenburg, Tel. 0395/421 61 61, www.wasserski-seilbahn.de, April–Okt. tgl. 10 Uhr bis Einbruch der Dunkelheit*

MIT KINDERN REISEN

Blick in die Unterwasserwelt

Auch bei Regenwetter bietet die Seenplatte Kindern interessante und spannende Vergnügungen

Radeln und Bootfahren stehen im Sommer wohl an erster Stelle, doch auch da macht manchmal mieses Wetter einen Strich durch die Planung. Ihre Kinder müssen aber deshalb nicht quengelig werden. Im Bereich der Mecklenburgischen Seenplatte gibt es manches, das Kinderherzen erfreut. Oft ist es auch möglich, die Kleinen der Obhut des örtlichen Kindergartens anzuvertrauen.

SCHWERIN UND UMGEBUNG

Freilichtmuseum [105 D5]
Schiefertafel und eine Rechenmaschine aus Holz sind in dem einklassigen Schulraum zu sehen. Die Einrichtung erinnert an die Zeit vor mehr als 100 Jahren. Damals unterrichtete der Lehrer alle Schüler des Dorfes in einem Raum. Die Bibel war das wichtigste Lehr- und Lesebuch. Pantoffelgymnasium wurden die Dorfschulen scherzhaft genannt, weil in ihnen die Holzpantinen der Tagelöhner- und Landarbeiterkinder klapperten. Der Lehrer

Im Sommer werden zahlreiche Kinderfeste veranstaltet

bekam einen Teil seiner Einkünfte in Naturalien. Die Schule in Mueß wurde um 1836 erbaut. *Freilichtmuseum Schwerin-Mueß, Alte Crivitzer Landstr. 12, Mai–Okt. Di–So 10–18 Uhr. Eintritt 2,50 Euro, Kinder 1,50 Euro*

UM GOLDBERG UND GÜSTROW

Natur- & Umweltpark [106 B3]
In Güstrow können Sie einen Fluss in einem 12 m langen Tunnel durchwandern und so in die heimische Unterwasserwelt der Tiere und Pflanzen abtauchen; dicke Glasscheiben ermöglichen interessante Einblicke. Hechte, Forellen oder Aale lassen sich bei ihren Raubzügen verfolgen. An Vollmondabenden geht es in die Parkanlage zur Nachtwanderung, bei der man das einzige Wolfsrudel Mecklenburgs beobachten kann. Das Unterholz, in dem die geselligen Vierbeiner leben, ist am Tag auf einem Hochweg zu überqueren. *Natur- & Umweltpark Güstrow, Verbindungschaussee, www.nup-guestrow.de, April–Okt. tgl. 9–19, Nov.–März 9–16 Uhr. Eintritt 7 Euro, Kinder 3 Euro*

Insider Tipp

GROSS-SEENLANDSCHAFT

Fischadler-Kinderstube [113 F1, 114 A1]

Im Müritz-Nationalpark und in seiner Umgebung brüten jährlich etwa 50 Fischadlerpaare. Neben dem Nest eines Paares ist eine Kamera installiert, deren Bilder drahtlos auf den Bildschirm in die Federower Nationalpark-Information übertragen werden. *Insider Tipp:* Der Blick in die Fischadler-Kinderstube ist täglich möglich. Das Weibchen zieht Ende August als Erste ins Winterquartier, das Männchen folgt, wenn die Jungen sich selbst ernähren können. Die verlassen den Horst Ende September. *Müritz-Nationalpark-Information Federow, Tel. 03991/ 67 00 67, Mai–Okt. tgl. 10–17 Uhr, www.nationalpark-mueritz.de. Eintritt 1 Euro, Kinder frei*

Lehmmuseum [112 C2]

Mantschen ist in diesem Museum Pflicht, nicht nur für Kinder. Die Besucher werden aufgefordert, den Lehm selbst in die Hand zu nehmen und zu formen. Also nicht die Sonntagskleidung anziehen! Das Museum in der alten, rohrgedeckten ehemaligen Scheune zeigt die verschiedenen Verarbeitungstechniken von Lehm. *Steinstr. 64 a, Gnevsdorf, Mai–Sept. Di–So 11–18 Uhr. Eintritt 2,50 Euro, Kinder 1,25 Euro*

MECKLENBURGISCHE SCHWEIZ

Lelkendorfer Haustierpark [107 F2]

Wollschweine, Pommernschafe, Esel, Steppenrinder, Shetlandponys und Thüringer Landziegen tummeln sich in Gehegen und auf Weiden. Der Haustierpark widmet sich vor allem Haustierrassen, die schon fast ausgestorben waren. Im Streichelgehege dürfen die Tiere angefasst werden. Wer in dem weitläufigen Gelände bis zum Ende wandert, kommt zur Schnursteinquelle. Hier wohnte einst der Bauer Schnurstein, der nur von dem Wasser dieser Quelle trank. Er soll, so erzählt man sich, deshalb über 100 Jahre alt geworden sein. *Tgl. 10–18 Uhr. Eintritt 1 Euro, Kinder 0,50 Euro*

UM DEN TOLLENSESEE

Kartbahn [109 D5]

Fahrspaß für die ganze Familie ohne Führerschein, Stau, Tempolimit und wetterunabhängig. Auf der 720 m langen Kartbahn am Rande Neubrandenburgs fahren in einer großen Halle kleine Leute in Karts von 4,4 PS, größere in Karts von 6,5 bis 9 PS. Sicherheit garantieren die elektronischen Ampelanlagen, Rammschutz rundum und der obligatorische Schutzhelm. Für die Zwei- bis Sechsjährigen sind Minikarts mit Elektromotor vorhanden, die auf separater Strecke fahren. *Nonnenhofer Str. 17, Neubrandenburg, www.kart-nb.de, Di–Fr 15–23, Sa, So 13–24 Uhr, in den Schulferien auch Mo. 10 Min. Fahrt kosten 8 Euro*

Sommerrodelbahn [109 D6]

Mit dem Lift bergauf, mit Schwung bergab. Die Sommerrodelbahn in Burg Stargard hat acht Steilkurven, zwei Brücken und ist 500 m lang. Die rasante Fahrt ist zu allen Jahreszeiten ein Vergnügen. Die Gäste setzen sich am Fuß des Hunnenber-

MIT KINDERN REISEN

Die Kids haben Pause: mit der Draisine unterwegs

ges in den Schlitten, den ein Lift zum Beginn der Abfahrtsstrecke zieht. Kinder ab 8 Jahren dürfen allein rodeln; wenn die Schlitten die Höchstgeschwindigkeit von 40 km/h erreicht haben, bremsen sie automatisch ab. *www.burg-stargard.de, tgl. 10 Uhr bis Einbruch der Dunkelheit. Erw. 1,50 Euro, Kinder 1,25 Euro*

NEUSTRELITZ-FELDBERGER-SEEN

Slawendorf [114 B–C 2–3]
Am Zierker See wird Geschichte lebendig: Das früh-mittelalterliche Dorf mit seinen rohrgedeckten Hütten demonstriert, wie die Menschen in dieser Region vor 1000 Jahren gelebt, gewohnt und gearbeitet haben. An bestimmten Tagen werden alte, traditionelle Gewerke wie Holzbearbeitung, Schmieden, Töpfern und Flechten demonstriert, und die Besucher haben die Möglichkeit, sich kreativ zu betätigen. *Slawendorf (am Zierker See, 15 Min. vom Marktplatz entfernt), April–Okt. tgl. 10–18 Uhr. Eintritt 2,50 Euro, Kinder 1,50 Euro*

Draisinenfahrt [114 C4–115 F5]
Von Fürstenberg/Havel über Lychen nach Templin und zurück können Sie 30 km auf stillgelegten Bahngleisen »radeln«. Die vierrädrigen Draisinen, so der Fachausdruck, werden per Beinkraft über Pedale angetrieben, was leichter als beim Fahrrad geht. Auf der Draisine sitzen zwei Personen hinter- bzw. nebeneinander, auf einer Bank haben zusätzlich zwei Kinder oder ein Erwachsener Platz. Möchten die Kids an einer schönen Stelle herumtoben, wird die Draisine von den Schienen gehoben. *April–Okt. tgl. 9–18 Uhr nach Anmeldung bei Touristica, Mannheimer Str. 33/34, 10713 Berlin, Tel. 030/873 02 21, www.draisine.com. Pro Draisine und Strecke Mo–Fr 46 Euro, Sa, So 49 Euro*

Angesagt!

Was Sie wissen sollten über Trends, die Szene und Kuriositäten in Mecklenburg-Vorpommern

Heiße Musik

Die heimischen Bands Famous Black House, Maybecakes und Lousy Lovers stehen in der Hitliste ganz vorn und deshalb gehört die CD »M/V volume 1« zu den gefragtesten. Zumal auf ihr noch weitere 16 Formationen zu hören sind, die die Musikszene des Bundeslandes Mecklenburg-Vorpommern bestimmen. Aufgelegt wird sie auf Partys im Wald und am Seeufer, und Fortsetzungen gibt es vermutlich nach der Rückkehr in die heimatlichen Gefilde, denn die CD gehört mittlerweile zu den beliebtesten Mitbringseln junger Leute.

Kitesurfen

Auf einem Surfbrett stehen und von einem Drachen gezogen mit hoher Geschwindigkeit über das Wasser jagen: Kitesurfen ist der neueste Schrei in Mecklenburg-Vorpommern. Zum King im Freundeskreis avanciert, wer die spektakulärsten Sprünge vollbringt. Vor allem die Jungs möchten den Mädchen imponieren.

Hüllenlos

Nacktbaden ist an den Gewässern der Mecklenburgischen Seenplatte in. An vielen Seeufern tummelt man sich hüllenlos. Nach der Einheit war FKK verpönt, denn den anreisenden »Wessis« trieben die vielen nackten Busen und Pos die Schamröte ins Gesicht. Im Laufe der Jahre sind die Ostdeutschen wieder zu ihrer Tradition zurückgekehrt. War für sie doch zu DDR-Zeiten das Nacktbaden eine der seltenen Freiheiten, die ihnen ihre Führung ließ.

Ostalgie

Wenn die einstigen DDR-Starbands Puhdys, City oder Elektra spielen, kommen Schulklassen geschlossen zum Konzert. Es ist Kult unter jungen Leuten, der Musik zu lauschen, mit denen ihre Eltern groß geworden sind. Und in den Regalen vieler Geschäfte stehen wieder die nach der Einheit aussortierten Ostprodukte und werden gekauft. Museen, die Gegenstände aus dem DDR-Leben zeigen, haben großen Zulauf. Ostalgie wird das Phänomen genannt, mit dem sich mittlerweile sogar Wissenschaftler beschäftigen.

PRAKTISCHE HINWEISE

Von Anreise bis Veranstaltungstipps

Hier finden Sie kurz gefasst die wichtigsten Adressen und Informationen für Ihre Reise an die Mecklenburgische Seenplatte

ANREISE

Auto
Von Hamburg aus auf der A 24, die südwestlich an der Seenplatte vorbeiführt. Von Berlin aus sind Schwerin und die Mecklenburgische Großseenlandschaft ebenfalls auf der A 24/A 19 rasch zu erreichen. Durch das Neustrelitzer Kleinseengebiet nach Neubrandenburg führt die B 96 von Berlin.

Bahn
Mit dem IC von Köln über Düsseldorf, Dortmund und Hamburg nach Schwerin und weiter bis Rostock, von dort mit der Regionalbahn in Richtung Berlin durch die Mecklenburgische Großseenplatte. Gehalten wird in Güstrow, Waren und Neustrelitz. Neubrandenburg und Demmin liegen an der Strecke Berlin–Stralsund. Autozüge verkehren von Dortmund und Stuttgart nach Rostock.

Flugzeug
Die nächsten internationalen Flughäfen sind Hamburg und Berlin. Zum Flughafen Rostock-Laage gibt es von einigen deutschen Städten Linienflugverkehr.

Schiff
Per Boot kann man die Mecklenburgische Seenplatte von der Elbe über die Müritz-Elde-Wasserstraße erreichen. Von Hamburg sind es bis Waren 182 km, 15 Schleusen sind zu passieren, von Berlin bis Waren sind es 282 km und 17 Schleusen.

AUSKUNFT

Die Tourist-Informationen der Städte und viele Gemeindeämter verschicken kostenlos Informationsmaterial. Allgemeine Informationen und weiteres Prospektmaterial gibt es bei:

**Tourismusverband
Mecklenburg-Vorpommern e.V.**
Platz der Freundschaft 1, 18059 Rostock, Tel. 0381/403 05 00, Fax 403 05 55, info@tmv.de, www.Auf-nach-MV.de

**Tourismusverband
Mecklenburgische
Seenplatte e.V.**
Turnplatz 2, 17207 Röbel/Müritz, Tel. 03993/522 25, Fax 513 86, info@mecklenburgische-seenplatte.de, www.mecklenburgische-seenplatte.de

Tourismusverband Mecklenburgische Schweiz e.V.
Am Bahnhof, 17139 Malchin, Tel. 03994/29 97 81, Fax 29 97 84, info@mecklenburgische-schweiz.de, www.mecklenburgische-schweiz.de

Tourismusverband Mecklenburg-Schwerin e.V.
Alexandrinenplatz 5-7, 19288 Ludwigslust, Tel. 03874/66 69 22, Fax 66 69 20, info@mecklenburg-schwerin.de, www.mecklenburg-schwerin.de

BADEWASSERQUALITÄT

An den offiziellen Badestellen wird während der Badesaison 14-tägig Wasser untersucht. Wenn die in den EU-Richtlinien festgelegten Grenzwerte überschritten werden, sperrt das zuständige Gesundheitsamt die entsprechende Badestelle. Da die Seen einen unterschiedlichen Nährstoffgehalt haben, kann man mal weit, mal kaum ins Wasser sehen; das hat aber nichts mit der Wasserqualität zu tun.

GELD & PREISE

In den bekannten Ferienorten und in den Zentren der Städte ist meist alles teurer als in den Dörfern, bei den Übernachtungspreisen ebenso wie beim Essen. Nach günstigen Angeboten sollten Sie stets fragen, beispielsweise bei den Museen nach Familienkarten. Wer preiswert First Class wohnen möchte, kann das von Mitte Oktober bis vor Weihnachten und von Anfang Januar bis Mitte April: Da bieten schicke Hotels im Rahmen einer vom Landestourismusverband initiierten Aktion das Doppelzimmer mit Frühstück für nur 55 Euro an.

---

www.marcopolo.de

Das Reiseweb mit Insider-Tipps

Mit Informationen zu mehr als 4000 Reisezielen ist MARCO POLO auch im Internet vertreten. Sie wollen nach Paris, in die Dominikanische Republik oder ins australische Outback? Per Mausklick erfahren Sie unter www.marcopolo.de das Wissenswerte über Ihr Reiseziel. Zusätzlich zu den Reiseführerinfos finden Sie online:

- täglich aktuelle Reisenews und interessante Reportagen
- regelmäßig Themenspecials und Gewinnspiele
- Miniguides zum Ausdrucken

Gestalten Sie MARCO POLO im Web mit: Verraten Sie uns Ihren persönlichen Insider-Tipp, und erfahren Sie, was andere Leser vor Ort erlebt haben. Und: Ihre Lieblingstipps können Sie in Ihrem MARCO POLO Notizbuch sammeln. Entdecken Sie die Welt mit www.marcopolo.de! Holen Sie sich die neuesten Informationen, und haben Sie noch mehr Spaß am Reisen!

PRAKTISCHE HINWEISE

Die gängigen Kreditkarten werden in den meisten Hotels und größeren Restaurants entgegengenommen. Bankautomaten sind fast überall.

INTERNET

Mecklenburg-Vorpommern im Überblick: *www.mecklenburg-vorpommern.de* und *www.mvweb.de*. Alles Interessante über die touristischen Regionen steht auf den Internetseiten der einzelnen Regionalverbände: Die Adressen finden Sie in den Regionenkapiteln ab Seite 26 unter »Auskunft«, weitere auf S. 97 unter derselben Rubrik. Das aktuelle Wetter in Mecklenburg-Vorpommern der Wetterwarte Güstrow: *www.wetterwarte-mv.de*. Interaktive Karten unter z. B.: *www.all-in-all.com/karte5.htm*

INTERNETCAFÉS

Internetanschluss ist in den meisten Ferienhotels nicht vorhanden. Wer seine E-Mails vom Laptop aus abfragen möchte:

Internet-Café chat up, Ravensburgstr. 3, 17034 Neubrandenburg, Tel. 0395/421 22 22, info@chatup.de, www.chatup.de;

Café-Inter-net(t), Bruchstr. 10, Tel. 03981/44 77 66, 17235 Neustrelitz, info@cafeinternett.de, www.cafe-inter-nett.de

NOTRUFE

Feuerwehr/Notarzt Tel. 112

Polizei Tel. 110

Pannendienst ADAC Rund um die Uhr Tel. 01802/22 22 22

Was kostet wie viel?

Museen	**2 bis 4 Euro**	für den Eintritt
Erlebnisbäder	**rund 6 Euro**	für zwei Stunden Aufenthalt
Ruderboot	**ca. 5 Euro**	für ein Glas Wein
Fahrrad	**4 bis 6 Euro**	Miete füt einen Tag
Bier	**1,70 Euro**	für 0,3 l vom Fass
Kaffee	**etwa 2,50 Euro**	für das Kännchen

ÖFFNUNGSZEITEN

Wer bei Restaurants sichergehen möchte, ob geöffnet ist, sollte sich vorher telefonisch erkundigen. Sind keine Gäste mehr da, wird oft vorzeitig geschlossen, in der kalten Jahreszeit bleiben bei Ausflugslokalen die Eingangstüren manchmal tage- oder auch wochenlang zu. Viele kleinere Gaststätten haben einen, im Winterhalbjahr oftmals sogar zwei Ruhetage.

Geschäfte haben häufig eine Mittagspause, die jedoch nicht einheitlich ist. Bei den Geschäften in den Ferienorten gilt die Bäderregelung: Von März bis Oktober darf werktags bis 21 Uhr, sonn- und feiertags (außer an kirchlichen Feiertagen) von 12 bis 18 Uhr geöffnet werden.

Bei Museen wird der letzte Besucher meist 30 Minuten vor Schluss eingelassen, im Winterhalbjahr haben einige gar nicht geöffnet.

Die Kirchen in den Städten sind im Sommer meist stundenweise geöffnet, doch die Zeiten variieren. Auf dem Lande ist man im Pfarramt meist bereit, die Kirchentüren für eine Besichtigung aufzuschließen.

REISEZEIT

Wer im Mai und Juni den Raps blühen sieht und die roten Farbtupfer der Mohnblumen an Wegrändern, wird vom Frühling schwärmen. Doch wie fast überall sind die Sommerferien die gefragteste Reisezeit. Reizvoll ist aber auch der Herbst, wenn das Laub der Bäume sich herrlich verfärbt und Tausende von Vögeln auf ihrer Reise in den Süden Zwischenstation an den Seen machen oder sich hier sammeln. Ruhe suchende Urlauber lieben die im Winter märchenhaft wirkende raureifüberzogene Landschaft mit ihren zugefrorenen Seen und stillen Wegen.

SCHIFFSAUSFLÜGE

Von Mai bis September starten von allen größeren Orten an Seen oder Kanälen Fahrgastschiffe zu Rund- oder Linienfahrten. Getränke können immer gekauft werden, ob es auch Essen gibt sowie die Abfahrtszeiten erfragen Sie bitte bei den Tourist-Informationen.

TELEFON & HANDY

In den reichlich vorhandenen öffentlichen Telefonzellen gibt es meist Kartentelefone, fast alle Hotelzimmer haben Telefon. Handybesitzer brauchen nur kleine Funklöcher zu beklagen.

VERANSTALTUNGSTIPPS

Der monatlich erscheinende »Kulturkalender – Unterwegs in Mecklenburg-Vorpommern« veröffentlicht aktuelle Hinweise. Im Internet unter: *www.kulturkalender-mv.de*

Wetter in Waren

	Jan.	Feb.	März	April	Mai	Juni	Juli	Aug.	Sept.	Okt.	Nov.	Dez.
Tagestemperaturen in °C	2	2	6	10	16	20	21	21	18	13	7	3
Nachttemperaturen in °C	–3	–3	1	3	7	11	13	13	10	6	1	–1
Sonnenschein Std./Tag	2	2	4	6	8	9	8	7	6	4	2	1
Niederschlag Tage/Monat	9	8	8	8	9	9	10	9	9	9	9	10

REISEATLAS

Reiseatlas Mecklenburgische Seenplatte

Die Seiteneinteilung für den Reiseatlas finden Sie auf dem hinteren Umschlag dieses Reiseführers

Mit freundlicher Unterstützung von

kein urlaub ohne
holiday autos

www.holidayautos.com

anzeige

total relaxed in den urlaub: einsteiger-übung

1. lehnen sie sich entspannt zurück und gleiten sie in gedanken zu den cleveren angeboten von holiday autos. stellen sie sich vor, als weltgrösster vermittler von ferienmietwagen bietet ihnen holiday autos

   - mietwagen in über 80 urlaubsländern
   - zu äusserst attraktiven preisen

2. vergessen sie jetzt die üblichen zuschläge und überraschungen. dank

   - alles inklusive tarife
   - wegfall der selbstbeteiligung
   - und min. 1,5 mio € haftpflichtdeckungssumme (usa: 1,1 mio €)

   steht ihr endpreis bei holiday autos von anfang an fest.

3. nehmen sie ganz ruhig den hörer, wählen sie die telefonnummer **0180 5 17 91 91** **(12cent/min)**, surfen sie zu **www.holidayautos.com** oder fragen sie in ihrem reisebüro nach den topangeboten von holiday autos!

kein urlaub ohne

holiday autos

KARTENLEGENDE REISEATLAS

Autobahn mit Anschlussstelle und Anschlussnummer		Motorway with junction and junction number
Autobahn in Bau mit voraussichtlichem Fertigstellungsdatum		Motorway under construction with expected date of opening
Rasthaus mit Übernachtung · Raststätte		Hotel, motel · Restaurant
Kiosk · Tankstelle		Snackbar · Filling-station
Autohof · Parkplatz mit WC		Truckstop · Parking place with WC
Autobahn-Gebührenstelle		Toll station
Autobahnähnliche Schnellstraße		Dual carriageway with motorway characteristics
Fernverkehrsstraße		Trunk road
Hauptverbindungsstraße		Important main road
Verbindungsstraße		Main road
Nebenstraßen		Secondary roads
Fahrweg · Fußweg		Carriageway · Footpath
Gebührenpflichtige Straße		Toll road
Straße für Kraftfahrzeuge gesperrt		Road closed for motor vehicles
Straße für Wohnanhänger gesperrt		Road closed for caravans
Straße für Wohnanhänger nicht empfehlenswert		Road not recommended for caravans
Autofähre		Car ferry
Hauptbahn · Bahnhof · Tunnel		Main line railway · Station · Tunnel
Autozug-Terminal		Autorail station
Besonders sehenswertes kulturelles Objekt		Cultural site of particular interest
Besonders sehenswertes landschaftliches Objekt		Landscape of particular interest
Ausflüge & Touren		Excursions & Tours
Landschaftlich schöne Strecke		Route with beautiful scenery
Touristenstraße		Tourist route
Museumseisenbahn		Tourist train
Kirche, Kapelle · Kirchenruine		Church, chapel · Church ruin
Kloster · Klosterruine		Monastery · Monastery ruin
Schloss, Burg · Burgruine		Palace, castle · Castle ruin
Turm · Funk-, Fernsehturm		Tower · Radio or TV tower
Denkmal · Soldatenfriedhof		Monument · Military cemetery
Ruinenstätte, frühgeschichtliche Stätte · Höhle		Archaeological excavation, ruins · Cave
Hotel, Gasthaus, Berghütte · Heilbad		Hotel, inn, refuge · Spa
Campingplatz · Jugendherberge		Camping site · Youth hostel
Schwimmbad, Erlebnisbad, Strandbad · Golfplatz		Swimming pool, leisure pool, beach · Golf-course
Botanischer Garten, sehenswerter Park · Zoologischer Garten		Botanical gardens, interesting park · Zoological garden
Bedeutendes Bauwerk · Bedeutendes Areal		Important building · Important area

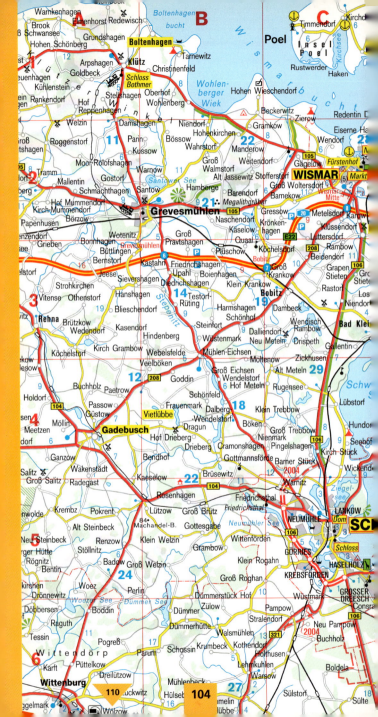

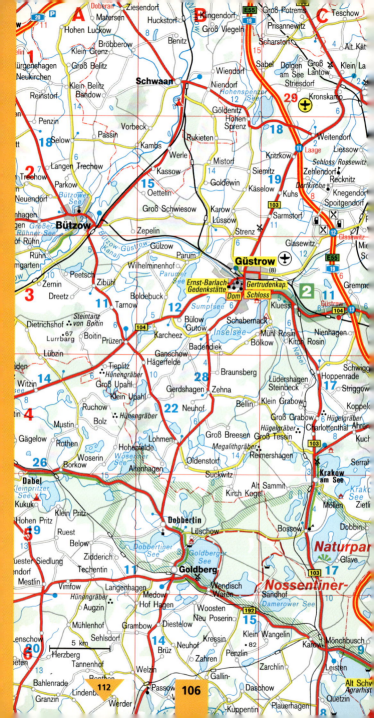

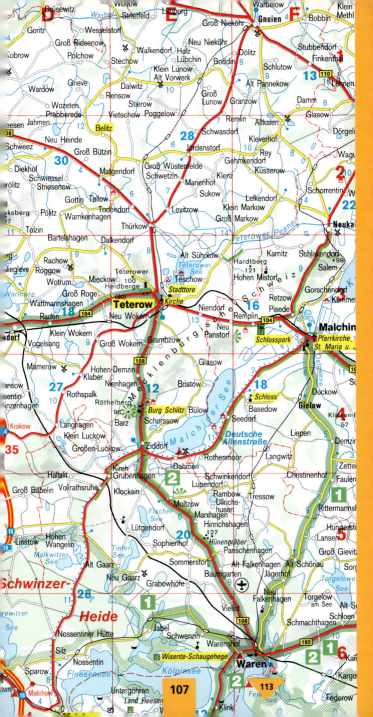

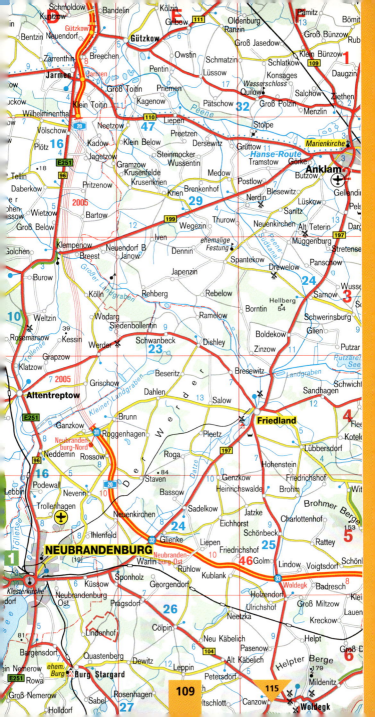

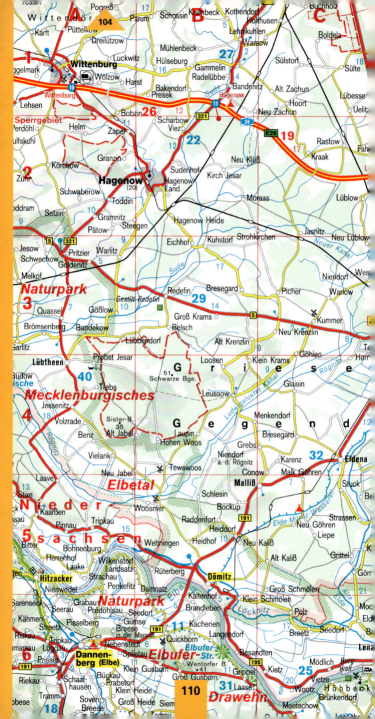

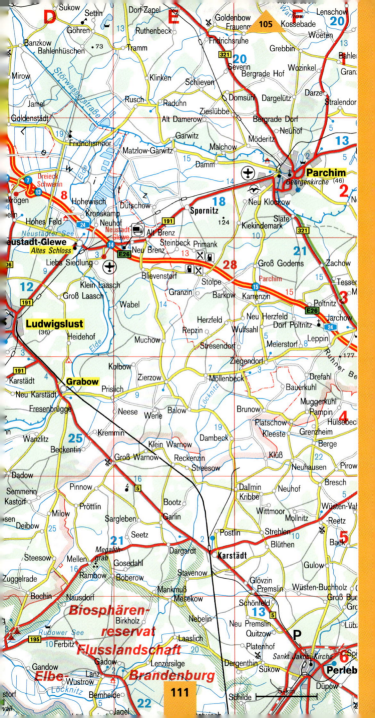

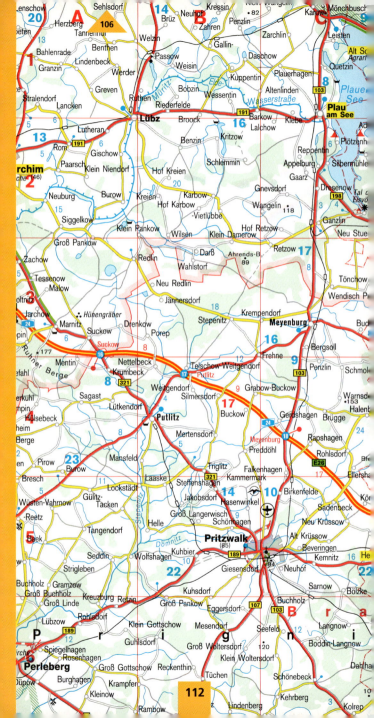

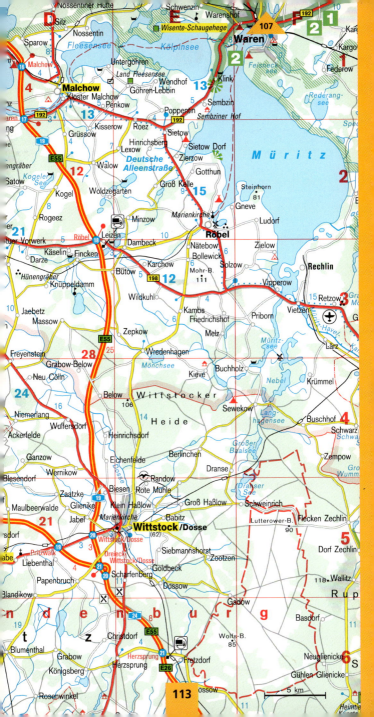

anzeige

total relaxed in den urlaub: übung für fortgeschrittene

1. schliessen sie die augen und denken sie intensiv an das wunderbare wort „ferienmietwagen zum alles inklusive preise". stellen sie sich viele extras vor, die bei holiday autos alle im preis inbegriffen sind:

- unbegrenzte kilometer
- haftpflichtversicherung mit min. 1,5 mio €uro deckungssumme (usa: 1,1 mio €uro)
- vollkaskoversicherung ohne selbstbeteiligung
- kfz-diebstahlversicherung ohne selbstbeteiligung
- alle lokalen steuern
- flughafenbereitstellung
- flughafengebühren

2. atmen sie tief ein und lassen sie vor ihrem inneren auge die zahlreichen auszeichnungen vorbeiziehen, die holiday autos in den letzten jahren erhalten hat.

   sie buchen ja nicht irgendwo.

3. nehmen sie ganz ruhig den hörer, wählen sie die telefonnummer **0180 5 17 91 91** (12cent/min), surfen sie zu **www.holidayautos.com** oder fragen sie in ihrem reisebüro nach den topangeboten von holiday autos!

kein urlaub ohne

holiday autos

MARCO ⊕ POLO

Für Ihre nächste Reise gibt es folgende Titel:

Deutschland
Allgäu
Amrum/Föhr
Bayerischer Wald
Berlin
Bodensee
Chiemgau/
 Berchtesgaden
Dresden
Düsseldorf
Eifel
Erzgebirge/Vogtl.
Franken
Frankfurt
Hamburg
Harz
Heidelberg
Köln
Leipzig
Lüneburger Heide
Mark Brandenburg
Mecklenburgische
 Seenplatte
Mosel
München
Nordseeküste:
 Schleswig-Holst.
Oberbayern
Ostfries. Inseln
Ostfriesland:
 Nordseeküste
 Niedersachsen
Ostseeküste:
 Mecklenburg-
 Vorpommern
Ostseeküste:
 Schleswig-Holst.
Pfalz
Potsdam
Rügen
Schwarzwald
Spreewald/Lausitz
Stuttgart
Sylt
Thüringen
Usedom
Weimar
Die besten Weine
 in Deutschland
Die tollsten
 Musicals in
 Deutschland

Frankreich
Bretagne
Burgund
Côte d'Azur
Disneyland Paris
Elsass
Frankreich
Frz. Atlantikküste
Korsika
Languedoc-
 Roussillon
Loire-Tal
Normandie
Paris
Provence

Italien Malta
Capri
Dolomiten
Elba
Emilia-Romagna
Florenz
Gardasee
Golf von Neapel
Ischia
Italien
Italien Nord
Italien Süd
Ital. Adria
Ital. Riviera
Mailand/
 Lombardei
Malta
Oberital. Seen
Piemont/Turin
Rom
Sardinien
Sizilien
Südtirol
Toskana
Umbrien
Venedig
Venetien/Friaul

Spanien Portugal
Algarve
Andalusien
Azoren
Barcelona
Costa Blanca
Costa Brava
Costa del Sol/
 Granada
Fuerteventura
Gomera/Hierro
Gran Canaria
Ibiza/Formentera
Lanzarote
La Palma
Lissabon
Madeira
Madrid
Mallorca
Menorca
Portugal
Spanien
Teneriffa

Nordeuropa
Bornholm
Dänemark
Finnland
Island
Kopenhagen
Norwegen
Schweden

Osteuropa
Baltikum
Budapest
Königsberg/ Ost-
 preußen Nord
Masurische Seen
Moskau
Plattensee
Polen
Prag
Riesengebirge
Rumänien
Russland
St. Petersburg
Slowakei
Tschechien
Ungarn

Österreich Schweiz
Berner Oberland/
 Bern
Kärnten
Österreich
Salzburg/
 Salzkammergut
Schweiz
Tessin
Tirol
Wien
Zürich

Westeuropa und Benelux
Amsterdam
Brüssel
England
Flandern
Irland
Kanalinseln
London
Luxemburg
Niederländ. Küste
Niederlande
Schottland
Südengland
Wales

Südosteuropa
Athen
Bulgarien
Chalkidiki
Griechenland
 Festland
Griechische
 Inseln/Ägäis
Ionische Inseln
Istrien/Kvarner
Istanbul
Korfu
Kos
Kreta
Kroatische Küste
Peloponnes
Rhodos
Samos
Türkei
Türkische
 Mittelmeerküste
Zypern

Nordamerika
Alaska
Chicago und
 die Großen Seen
Florida
Hawaii
Kalifornien
Kanada
Kanada Ost
Kanada West
Los Angeles
New York
Rocky Mountains
San Francisco
USA
USA Neuengland
USA Ost
USA Südstaaten
USA Südwest
USA West
Washington, D.C.

Mittel- und Südamerika Antarktis
Antarktis
Argentinien/
 Buenos Aires
Bahamas
Barbados
Brasilien/
 Rio de Janeiro
Chile
Costa Rica
Dominikanische
 Republik
Ecuador/
 Galapagos
Jamaika
Karibik I
Karibik II
Kuba
Mexiko
Peru/Bolivien
Südamerika
Venezuela
Yucatán

Afrika Vorderer Orient
Ägypten
Dubai/Emirate/
 Oman
Israel
Jemen
Jerusalem
Jordanien
Kenia
Libanon
Marokko
Namibia
Südafrika
Syrien
Türkei
Türkische
 Mittelmeerküste
Tunesien

Asien
Bali/Lombok
Bangkok
China
Hongkong
Indien
Japan
Ko Samui/
 Ko Phangan
Malaysia
Nepal
Peking
Philippinen
Phuket
Singapur
Sri Lanka
Taiwan
Thailand
Tokio
Vietnam

Indischer Ozean Pazifik
Australien
Hawaii
Malediven
Mauritius
Neuseeland
Seychellen
Südsee

Sprachführer
Arabisch
Englisch
Französisch
Griechisch
Italienisch
Kroatisch
Niederländisch
Norwegisch
Polnisch
Portugiesisch
Russisch
Schwedisch
Spanisch
Tschechisch
Türkisch
Ungarisch

Hier sind alle erwähnten Orte, Seen, Ausflugsziele und einige zusätzliche Stichworte verzeichnet. Halbfette Seitenzahlen verweisen auf den Haupteintrag, kursive auf ein Foto.

Aalpude 57
Alt-Schwerin **47f.**
Ankershagen 16, **54,** 87
Bäk 74
Barlach, Ernst **13,** 37f.
Basedow 57, **61**
Boek 16
Bollewick 23, **51f.**
Breiter Luzin 17, 73
Brinckman, John 13
Burg Penzlin 92
Burg Schlitz 57, **65,** 86, *86*
Burg Stargard **67f.,** 95
Carwitzer See 74
Damerower Werder 14, 55
Dargun **57f.**
Demmin 58
Demzin 84
Dobbertin 37
Dobbertiner See 35
Dreetz 74
Elde 45
Fallada, Hans *73,* 76
Feldberg **73f.**
Fleesensee 45
Fontane, Theodor 7, 11, 78
Fürstenberg **81,** 95
Ganzlin 15
Göhren-Lebbin 90
Goldberg **35f.**
Goldberger See 35
Gravelotte 60
Groß Breesen 42
Groß Gievitz 15
Groß Plasten 15
Groß Raden 35, **43**
Groß Vielen 87
Großer Stechlinsee 78
Güstrow 11, 13, 23, *34, 35,* **37ff.,** *38, 39,* 85, 93
Hausboote 52

Haussee 73
Haustierpark Lelkendorf 94
Hohenzieritz **81,** 87
Ivenack 13, 15, **64,** 83
Jabel 15, 84
Jürgenstorf 85
Kittendorf 15
Klein Plasten 86
Klink 15, 86
Kölpinsee 17, 45
Krakow am See 19, **40f.,** *41*
Kratzeburg 16
Kummerow 59, *60*
Kummerower See 17, **59f.,** *57*
Land Fleesensee 10, **48**
Lehmwerder 40
Lelkendorfer Haustierpark 94
Lieps 81
Linstow 41
Literaturtipps 11
Luckower See 42
Ludorf 52
Ludwigslust *10,* 11, 27, **32,** *33*
Lübz 15, **50**
Lütten See 73
Lychen *72,* **76,** 95
Mahn- und Gedenkstätte Ravensbrück 81
Malchin **60,** *61*
Malchow **45f.,** *46*
Mecklenburg 16
Mildenitztal 35
Mirow 16, 73, **76f.,** *77*
Mirower See 73
Moltzow 13
Müritz 7, 17, 45, 86, 120
Müritz-Nationalpark 9, 14, 17, **55,** 90f., 94

Mueß 30, 93
Naturpark Feldberger Seenlandschaft 9, **76**
Naturpark Kummerower See 9
Naturpark Mecklenburgische Schweiz 9
Naturpark Nossentiner-Schwinzer Heide 9, 35, *36,* **37**
Nebeltal 42
Neubrandenburg 11, *12,* 17, 23f., *66,* **68f.,** *70,* 85, 91
Neustadt-Glewe 33
Neustrelitz 11, 16, 25, 73, **79,** *81,* 87, *87*
Passentin 71
Peene 57
Penzlin *25,* 67, **71**
Petermännchen 32
Pfaffenteich 28
Plau am See 15, 25, 45, **48f.**
Plauer See 17, 45, 48, *49,* 120
Prillwitz 81
Ravensbrück 81
Remplin 57, **62**
Reuter, Fritz 8, 11, **16,** 62ff., *63,* 83f.
Rheinsberg 78f.
Rittermannshagen 84
Röbel *17,* 45, **51**
Scharpzow 83
Schleifmühle 30
Schloss Groß Plasten *100*
Schloss Klein Plasten 86
Schloss Klink **53,** 86
Schloss Schwerin *26*
Schloss Teschow 90
Schmaler Luzin 73f., 76
Schwerin 10f., 19, 23, *24,* 25, **27f.,** *28*

REGISTER

Schweriner See 9, 17, 120
Schwerin-Mueß 30, 93
Slawendorf Passentin 71
Slawendorf Neustrelitz 80
Stavenhagen 17, **62,** 63, 83
Sternberg 23, 35, **42**
Sternberger See 42
Tellow 65
Templin 22, 95
Teterow 23f., **64,** 65, 86
Tollensesee 17, 67
Tucholsky, Kurt 78
Vietgest 86
Voß, Johann Heinrich 71
Waren 13, 16, 45, **53,** 54, 84, 84
Warnow-Durchbruchtal 43
Weisdin 15
Wesenberg 79
Wisentgehege Damerow 14, **55**
Wittenhagen 76
Wöbbelin 33
Woggersin 14
Wootzen 74
Wredenhagen 52
Wustrower See 43
Zansen 74
Ziegelei Benzin 15
Zierker See 73, 79, 95

Schreiben Sie uns!

Liebe Leserin, lieber Leser,

wir setzen alles daran, Ihnen möglichst aktuelle Informationen mit auf die Reise zu geben. Dennoch schleichen sich manchmal Fehler ein – trotz gründlicher Recherche unserer Autoren/innen. Sie haben sicherlich Verständnis, dass der Verlag dafür keine Haftung übernehmen kann. Wir freuen uns aber, wenn Sie uns schreiben.

Senden Sie Ihre Post an die MARCO POLO Redaktion,
Mairs Geographischer Verlag, Postfach 31 51, 73751 Ostfildern,
marcopolo@mairs.de

Impressum

Titelbild: Boot in Abendstimmung auf der Müritz (O. Heinze)
Fotos: Colorvision: Uthoff (5 l., 56); J. Gläser (U. l., 18, 84); HB Verlag: J. A. Fischer (U. M., U. r. 7, 9, 14, 22, 24, 25, 28, 33, 34, 35, 36, 38, 39, 41, 44, 50, 54, 57, 63, 65, 70, 72, 73, 81, 87, 90, 92, 95); O. Heinze (101); F. Ihlow (2 M., 5 r., 6, 10, 12, 17, 46, 60, 61, 66, 82, 88); K. Thiele (4, 20, 26, 30, 45, 49, 55, 74, 77, 86, 100); Transglobe: Zielke (2 o.); B. Wurlitzer (1)

7., aktualisierte Auflage 2002 © Mairs Geographischer Verlag, Ostfildern
Herausgeber: Ferdinand Ranft, Chefredakteurin: Marion Zorn
Redaktion: Arnd M. Schuppius, Bildredakteurin: Gabriele Forst
Kartografie Reiseatlas: © Mairs Geographischer Verlag/Falk Verlag, Ostfildern
Gestaltung: red.sign, Stuttgart
Das Werk einschließlich aller seiner Teile ist urheberrechtlich geschützt. Jede urheberrechtsrelevante Verwertung ist ohne Zustimmung des Verlages unzulässig und strafbar. Das gilt insbesondere für Vervielfältigungen, Übersetzungen, Nachahmungen, Mikroverfilmungen und die Einspeicherung und Verarbeitung in elektronischen Systemen.
Printed in Germany. Gedruckt auf 100% chlorfrei gebleichtem Papier

Bloß nicht!

Auch an und auf den mecklenburgischen Seen gibt es einige Dinge, die Sie beachten sollten

Im Eiltempo fahren
Die typischen Alleen fordern regelmäßig zahlreiche Verkehrsopfer. Beachten Sie, dass sie häufig unbefestigte, weiche Bankette haben und es nach Regen wegen des oft stundenlang von den Bäumen tropfenden Wassers höchste Rutschgefahr gibt. Wegen der schlechten Lichtverhältnisse sollte auch tagsüber mit Licht gefahren werden; als Höchstgeschwindigkeit empfiehlt der ADAC weniger als 80 km/h.

Leichtsinnig auf den Seen sein
Bei starkem Wind können sich die Müritz, der Schweriner und der Plauer See in gefährliche Gewässer verwandeln. Nicht wenige Segler oder Paddler haben die plötzlich aufkommenden Wellen schon in Lebensgefahr gebracht. Wenn sich Schlechtwetter ankündigt, sollten Sie das Wasser am besten verlassen.

Ohne Schein angeln
Freier Fischfang ist nicht gestattet. Wer ohne Fischereischein angelt, hat ein Bußgeld zu zahlen. Fehlt gar die Angelerlaubnis, gilt das als Fischwilderei und wird als Straftat geahndet.

Einfach drauflos fahren
Auch auf den Wasserstraßen gelten Verkehrsregeln, die vielfach denen auf der Straße gleichen. »Kapitäne« eines Bootes ab 5 PS müssen im Besitz eines Sportbootführerscheins sein (mit Ausnahme einiger Reviere, in denen er nicht erforderlich ist).

Naturschutz missachten
Im Müritz-Nationalpark sowie den drei Naturparks ist der Mensch Gast in der Natur. Nationalparkranger (erkennbar an ihrer grünen Kleidung) achten streng darauf, dass die Schutzvorschriften eingehalten werden: Kraftfahrzeuge nur auf den beschilderten Parkplätzen abstellen, nicht lärmen, keine Pflanzen pflücken oder beschädigen, Tiere nicht beunruhigen oder gar töten! Wege und Straßen dürfen Sie in den Kernzonen nicht verlassen.

Wild berühren
Wenn Sie Jungwild finden, sollten Sie es auf keinen Fall berühren, weil es danach oft vom Muttertier nicht mehr angenommen wird. Schwarzwild kann außerdem gefährlich werden, wenn es seine Jungtiere bedroht sieht. Also: Hände weg von niedlichen Frischlingen!

Mückenschutz vergessen
Die Stechmücke kann an Seeufern und Kanälen zur Plage werden. Mückenschutzmittel sollten Sie vorsichtshalber mitnehmen.